国家"十二五"重点图书

世界主要政党规章制度文献

丛书主编：俞可平
执行主编：陈家刚

瑞 典

主编：林德山

中央编译局文库出版工作领导小组（编委会）

组　　长：贾高建

副 组 长：魏海生　陈和平　柴方国　季正聚

成　　员：崔友平　沈红文　杨雪冬　冯　雷　陈家刚

　　　　　赖海榕　郗卫东　张文成　葛海彦

中央编译局文库出版工作领导小组办公室

主　　任：薛晓源

成　　员：徐向梅　苗永姝

中央编译出版社文库编辑中心编辑小组

葛海彦　董　巍　贾宇琰　曲建文　苗永姝

杜永明　盛菊艳　李媛媛　薛迎春　董　妍

总　序

近代的政党,是基于一定的阶级或阶层之上,为了夺取和巩固国家的政治权力,从而维护特定利益的政治组织。与其他政治组织相比,政党最明显的特征,就是它有着明确的政治目标,即夺取政权和维护政权。除了执掌国家政权这一基本职能外,政党也是现代社会中最重要的利益表达和利益综合机构,是连接政府与民众的政治桥梁。政党还是国家政治生活的最重要组织者,是公民参与国家政治生活的重要平台,它履行着政治动员、公共参与和政治教育等重要的政治职能。因此,从权力的角度看,在所有政治组织中,政党是最重要的政治组织,它对近代国家的政治生活有着极为重要的影响。实际上,近代政治就是政党政治。国家权力主要由政党掌握,并且通过政党运行。

由于政党在国家公共政治生活中起着如此关键性的决定作用,规范政党组织本身及其成员的行为和活动,就变得极其重要。从国家的角度看,宪法及相应的专门法律,通常要对政党参与国家政权的方式、途径、范围等作出原则性规定,从而形成了不同的政党制度,如多党制、两党制、一党制、一党主导或一党独大制、多党合作制等。从政党自身的角度看,每个政党都必须有一整套政治纲领和规章制度,明确宣示政党的性质、使命、目标、任务和政策倡议,详细规定党员的资格、条件、义务、责任、权利,以及党的组织形式、选举制度、领导机制、决策程序和纪律约束等。广义上说,政党制度既包括政党的外部制度,也包括政党的内部制度,它们一起构成国家政治制度的重要组成部分。

如果说主权国家是国际政治舞台的主角，那么政党便是国内政治舞台的主角。除了少数小国之外，世界上绝大多数国家的政权实际上都掌握在执政党手中。一个个政党的产生、发展、壮大、掌权、下台、消亡，以及各个政党之间的竞争、合作、争斗、兼并、分化、组合，构成了现实政治生活一幅五彩斑斓的图景。要真正了解当代世界，就要了解世界各国的政治图景，那就不能不了解主演这些政治图景的各个政党。世界的丰富多彩，不仅体现在文化传统、生活方式和乡土风情上，也体现在社会结构、发展模式和政治体制上。进而言之，要真正了解一个国家，就要了解这个国家的政治体制；而要了解一个国家的政治体制，就不能不了解这个国家的政党制度。

中国共产党是按照马列主义原则建立起来的一个革命政党，在夺取国家政权后，特别是在改革开放后，它逐渐从一个革命党转变为执政党。党的根本宗旨没有改变，但党的群众基础、指导思想、组织结构、领导机制和执政方式等，都发生了重大的变化。坚持人民主体地位，发展人民民主已经成为中共执政的基本政治目标；民主、自由、平等、公正、法治、和谐，已经成为中共追求的核心政治价值；民主执政、依法执政和科学执政，已经成为中共的基本执政方式；建设中国特色的社会主义法治国家，推进国家治理现代化，已经成为中共全面深化改革的总目标。所有这些都表明，中国共产党自身正处于现代化的转型之中，实现治理的现代化，不仅是党执政治国的目标，也是党自身建设的目标。政党治理的现代化，是世界各国主要政党共同面临的时代课题。一些政党在推进治理现代化方面，取得了成功的经验，得以继续在本国的政坛叱咤风云；而另一些政党则付出了惨重的代价，直至失去了政权。学习和借鉴国外政党的成功经验，汲取它们的失败教训，对于中国共产党实现治理现代化，有着重要的现实意义。

1998年，我曾经主编过当时国内唯一的《当代各国政治体制》丛书，总共有16册之多，内容包括了世界各主要国家。那套丛书比较客观地介绍了各国主要政治体制，为读者全面了解当代世界的各种政治制度提供了翔实的资料，从而广受好评。此后，我一直想编纂一套介绍世界各主要政党制度的丛书，可惜终未如愿。巧的是，前几年中央为了加强党内法规建设，需要了解和借鉴国外政党的经验做法，有关部门便委托我局编译国外主要政党的规章制度。我认为，这些党内规章制度，虽不能在整体上等同于政党制度，但却在很大程度上体现了党的组织制度、领导制度、决策制度和纪检制度，因而，编译这些国外政党的法规制度，不仅对于我们加强党内法规建设有其借鉴意义，而且将这些材料正式汇编出版，也可以在一定程度上起到帮助读者了解世界各国政党制度，从而更全面地了解世界各国政治制度的作用。

《世界主要政党规章制度文献》丛书，总共有20卷，收录了当今世界绝大多数重要政党的代表性规章制度。在收集、编选和翻译这套丛书的过程中，我们得到了社会各界的大力支持。例如，一些从事世界政党研究的专家学者提出了很好的编纂建议，一些驻外使领馆人员为我们提供了所在国主要政党的最新材料，一些译者放弃休息时间，努力按照要求完成翻译任务；国家出版基金给予了专项出版资助。在此，我代表编者向所有为本丛书出版作出过贡献的朋友们表示衷心的感谢。参与本丛书的许多译者，是年轻的博士后和博士生，他们积极性高，责任心强，但尚缺乏足够的翻译经验，错讹之处还望读者谅解并不吝批评。

俞可平

2015年1月13日于方圆阁

目 录

导 言 ··· 1

第一部分 宪法、全国性涉党法律 ··································· 1
瑞典宪法（节议）··· 3
议会法 ·· 40
选举法 ·· 100
政党财政资助法案 ·· 145

第二部分 主要政党内部规章制度 ··································· 151
瑞典社会民主工人党纲领 ··· 153
瑞典社会民主工人党章程 ··· 188
瑞典温和联合党党纲 ··· 232

导　言

一、瑞典概况

瑞典王国位于北欧斯堪的纳维亚半岛东南部，国土面积45万平方公里，为西欧[①]第三大国，仅次于法国和西班牙，人口982万[②]，居民主要信仰路德教。首都斯德哥尔摩。1995年加入欧盟。

瑞典国家形成于公元11世纪。1397年瑞典被并入丹麦控制的卡尔马联盟。1523年脱离联盟独立。17世纪，瑞典成为称霸欧洲北部的强国。18世纪初开始衰落，丧失了大部分海外领地。1809年，瑞典控制下的芬兰被并入俄国。1814年瑞典从丹麦手中取得挪威。1905年，挪威脱离瑞典独立，现代瑞典王国的版图最终形成。

瑞典19世纪末开始工业化进程，二战后经济与科技发展迅速，目前已成为世界上最富裕和科技水平最高的国家之一。按人均GDP计算，瑞典是世界上最富有的15个国家之一，同时瑞典也是最具创新能力和国际竞争力的国家之一。按人口计算，瑞典是研发投资最多、拥有生命科学公司最多和拥有跨国公司最多的国家。瑞典经济以铁矿石、原木和充沛的水力发电能源为基础，现在的主要产业是林业、电信业、汽车业和制药业。瑞典虽

[①] 瑞典地理上属北欧地区，这里的"西欧"是泛义的政治地理概念，是相对于"东欧"而言的。

[②] 根据瑞典官方统计，截止到2015年9月30日，瑞典人口9828655人。http://www.scb.se/en_/Finding-statistics/Statistics-by-subject-area/Population/Population-composition/Population-statistics/。

加入欧盟，但没有进入欧元区，目前仍使用瑞典克朗。公民较高的受教育水平、国家良好的基础设施、稳定的劳动关系以及较高的科技投入使得瑞典长期保持了较高的发展水平。即使是在2007年以来的国际金融危机中，相对于欧洲其他国家，瑞典也保持了较强劲的经济恢复能力。

独特的自然条件和丰富的自然资源、长期保持稳定的政治和社会秩序，以及与完善的社会保障体制相应的良好教育和社会管理体制，这些都是瑞典长期保持经济和社会繁荣的关键。开始工业化进程以来，瑞典长期保持了经济和社会的稳定。两次世界大战中瑞典均保持中立，避免了剧烈的社会动荡。政治上，从20世纪30年代开始，瑞典社会民主党①长期领导执政，致力于一种社会和谐的发展模式，这种模式被人称为"瑞典模式"。

二、瑞典政党及政党结构

瑞典为君主立宪制国家，实行议会民主制。瑞典国王虽然只是履行象征性和礼仪性职能②，但在瑞典普通民众中得到广泛支持，所以虽然一些政党意欲推进瑞典共和制，却始终未能使其进入政治议程。

瑞典的现代政党体制是随着瑞典的政府体制，尤其是其议会民主制度的发展而形成和演变的。这一进程最初是随着工业化进程而出现的。瑞典的议会始于早期的瑞典名人院（Adeln）。19世纪（1866年），瑞典开始建立现代的两院议会，分上院和下院，前者由省和市委员间接选举产生，它实际上是早期名人院那种地方代表性的一种延续；而后者由具有选举权的选民直接选举产生。在当时选举权还是有限的背景下，民主政治的原则尚

---

① 即"瑞典社会民主工人党"。本书一般按照习惯的用法简称"瑞典社会民主党"，但译者有专门译法的除外。

② 从1973年开始，国王不再享有政治权力，目前的主要官方职责是每年9月主持召开议会。1979年，《王位继承法》被修改，男女都可以继承王位。自1980年起，以长子或长女为王位继承人。

未真正确立。但一些现代政党开始出现,包括1889年最初作为工人阶级政党的瑞典社会民主党的产生。第一次世界大战结束前后,随着普选权的实现,一方面,瑞典真正意义上的现代议会民主原则得以为社会认同,以议会制为基础的现代政府治理结构实际形成①;另一方面,随着瑞典社会民主党的崛起,瑞典的现代政党结构开始成型。随着民主制原则的确立,国王愈来愈只是成为具有象征意义的国家元首,政府实际按照议会民主制的原则组织。只是在20世纪70年代以前,瑞典沿袭了两院制,1970年取消两院,建立单一的一院制,即瑞典议会。瑞典议会最初由350名成员构成,但这样在议会投票中会出现支持与反对票数相等而由抽签决定政策的形势。为避免这种形势,1976年瑞典议会改为由349名成员构成,并沿用至今。政府一般由构成议会多数的政党和政党联盟组织成立。不过,自20世纪30年代以来,只有瑞典社会民主党曾经获得过议会绝对多数,而自1968年以来,瑞典就再没有出现过单一政党在议会中赢得绝对多数的情形,因此大多数情况下是通过政党联盟的形式组成联合政府。

在瑞典的议会民主体制下,政党作为大众参与政治的重要媒介,是政府组织及政治运作的核心要素,人们对政党也保持了较高的认同。在欧美国家中,瑞典是一个高度组织化的社会,这既体现为利益集团的高度组织,如工会和雇主联合会的高度组织,也体现为政党对社会组织的渗透。在瑞典现有的政治结构中,政党是政府组织的核心要素,从选举到政府组织,都是以政党为基本单位进行,并围绕着政党来运转的。在这种背景下,只有依托于政党的个人才能有机会进入议会和政府。由此也保证了党的代表对政党的忠诚,这突出体现在了当选者在议会以及政府活动中按照党派立场决定个人立场的特点中。

在西方实行议会民主制的国家中,不同国家表现出了不同的政治稳定性,而这是与政党的结构紧密相关的。在这方面,政党结构的相对稳定也

---

① 不过,政府在议会的支持下负责治理国家的原则一直到1969年才写进宪法。

是瑞典民主政治体制的一个重要特征。回顾瑞典现代政党的发展历史，其政党结构表现出了一定的稳定性，但也出现了几次大的变化。在第一次世界大战之前，由于选举权的有限，议会中占主导的是以自由党为代表的资产阶级政党。一战期间，随着选举权的扩大，依托于日趋庞大的产业工人队伍的瑞典社会民主党一跃而成为议会第一大党。经过一个短时期的社会民主党与其他政党的权力胶着状态后，从20世纪30年代开始一直到20世纪70年代，瑞典形成并保持了一种稳定的政党结构：瑞典议会长期由五个政党控制，它们依左右分类，形成左翼（包括社会民主党和共产党）和右翼（三个非社会主义政党，即温和党、农民党和自由党）两个阵营；但社会民主党一党独大，而其他政党力量明显偏弱，虽然往往能够对政府的组织起关键性的平衡作用，但却不足以对社会民主党的政治领导地位形成挑战。由此而出现了瑞典社会民主党1932—1976年连续44年执政或领导执政的盛况。此后，这种格局开始改变，虽然瑞典社会民主党作为第一大党的地位一直保持，但却开始面临其他力量的联合挑战。1976—1982年和1991—1994年两次出现了由资产阶级中右翼小党联合执政（尽管是以少数政府的形式）的形势。与此同时，一些不同于传统左右翼政党的新型政党如绿党进入议会。进入21世纪后，瑞典的政党格局进一步出现两种趋向，一是在传统的中右翼政党中，保守主义力量温和党发展迅速，以之为首的中右翼政党开始出现与社会民主党为首的左翼政党力量接近的形势，而且该中右翼联盟连续在2006年和2010年的两次大选中击败了以社会民主党为首的中左翼联盟。尤其是在2010年的大选中，温和党与社会民主党之间的差距已经达到了历史最小值。虽然社会民主党在2014年重新取得了执政地位，但社会民主党一党独大的局面不复存在。二是一些新型政党进入议会并开始改变传统的议会政党结构。除20世纪80年代崛起并进入议会的绿党外，最突出的是带有极右翼特征的瑞典民主党进入了议会。此外，一些传统的中小政党也开始出现转型。目前，通过2014年大选进入瑞典国家议会①的共有八个政党,它们是:社会民主党,温和党,瑞典民主党,绿党,中间党,左翼党,自由人民党,基督教民主党。这些也是目前瑞典最主要的政党。它们在议会以及政府组织中形成两个集团,即社会民主党—绿党—左翼党联盟(红绿联盟)和中右翼保守主义—自由主义联盟。后者由温和党、自由人民党、中间党和基督教民主党组成。瑞典民主党不属于任何一个阵营。

我们可以把目前瑞典的这些主要政党归为三种类型。第一类是以瑞典社会民主党和温和党为代表的传统的左右翼政党类型。两党都属于瑞典现代政党产生时期建立的政党。② 作为传统的左右翼政治代表,它们也是1932年以来瑞典历届政府的领导者③,从选民的稳定性和党的政治领导能力来看,它们属于瑞典的主流政党。第二类是一些转型的政党,如现有的中间党和左翼党。它们都曾是有着悠久历史的政党。中间党的前身为1913年建立的前农民党,早期是一个在工业化进程中代表农民的政党。瑞典社会民主党崛起后,农民党曾长期与其保持政治上的联合,事实上社会民主党最初确立其政治领导地位也是通过与农民党的联合实现的。④ 但20世纪60年代以后,农民党的政治立场开始改变,转向中右立场,并成为几次中右联合政府的参与者。目前,中间党的立场强调两个方面:中间化和反社会主义。其政治原则趋向于更为激进的自由主义与生态主义的混合。另一

---

① 按照瑞典的法律,只有在大选中获得全国4%以上选票,或在一个选区获得12%以上选票的政党才能参与国家议会的席位。

② 瑞典社会民主党建立于1889年,而温和党建立于1904年,都属于在瑞典现代民主制度成型之前即已出现的现代型政党。

③ 唯一的例外是在1976—1982年几个中右翼小党联合执政期间,中间党是内阁的领导党,其领导出任首相。其间自由民主党领导人一度出任首相(1978—1979年)。

④ 瑞典社会民主党1914年成为议会第一大党,20世纪20年代数次单独执政,但其政治影响有限,一个重要的原因是遭到其他力量的联合抵制。1932年瑞典社会民主党通过与农民党的联合打破了这种局面,由此也开始了瑞典社会民主党长期执政,其间农民党分别在1936—1945年和1951—1957年间作为社会民主党领导的联合政府的伙伴参与执政。

个转型明显的是左翼党,它是由前瑞典共产党转变而来。瑞典共产党是在一战期间从瑞典社会民主党中分裂出来的。① 在瑞典议会中,共产党一直持更为激进的政治立场,从早期支持苏联到后来坚持欧洲共产主义道路。但20世纪90年代后,面对国际局势的变化,瑞典共产党政治立场趋向温和,并改名左翼党。左翼党实际向一种新激进左翼转变。这种新激进左翼在政治上寻求作为站在社会民主党左边的一种"替代性"力量发挥作用,在政治理念上寻求将传统的社会民主主义政治立场与一些新社会运动的要求,尤其是女权主义和生态主义要求结合,所以它标榜一种红绿路线。第三类政党是以绿党和民主党为代表的新型政党。这类政党并不专注于传统的左右翼政治事务,而更专注于一些新型事务,如绿党专注于生态,而民主党专注于移民等事务。因而它们更接近于人们所说的单一事务型政党。如同在欧洲其他国家一样,这类新型事务型政党的出现改变了传统的按左右政治划界的政治格局,导致了欧洲政治生态中的一些新的组合趋向。在瑞典,社会民主党与绿党形成稳定的联盟关系,即所谓的红绿联盟。而在移民、欧盟等问题上带有突出右翼民粹主义性质的民主党政治上不属于任何一个阵营,但在一些具体政策上它更趋向于右翼的立场。总之,现有的瑞典主要政党体现出传统左右政治淡化、而中间化倾向增多的趋向。不只是中间党这类政党明确站在中间政治的立场上,即使是传统的保守主义政党温和党,其政治理念和政策也日趋中间化。这也反映了一个时期瑞典政党政治的主流趋向。

三、瑞典政党政治的特殊生态环境

瑞典的政党政治体制及结构演变与瑞典特殊的政治生态环境密切相关。其中主要有两个方面的明显特征:政治上的社会民主主义的长期话语

---

① 该党1917年从瑞典社会民主党分裂出来时称"瑞典社会民主左翼党",1921年改名"瑞典共产党",1967年又改名"左翼共产党",1990年改现名。

权;长期奉行妥协政治和共识政治。而这些都深深地打上了瑞典社会民主党长期执政的烙印。

(一) 瑞典社会民主党的长期执政[①]

英国学者库尔特·萨缪尔森曾这样描绘瑞典:"人们常把瑞典看成异乎寻常的国度。因为它有很高的生活水平,发达的福利政策,劳动市场的安稳与和谐,和平政策,一致与妥协。这是一个'田园诗'般的国家。"[②] 而这一切都是与瑞典社会民主党的长期执政分不开的。从1932年进入长期执政后至今,除1976—1982年、1991—1994年和2006—2014年外,瑞典社会民主党始终独立或领导执政,被誉为欧洲社会民主党的"不老松"和"世界上最成功的党"。

从政治发展尤其是执政历程来看,瑞典社会民主党经历了三个发展阶段。从成立到20世纪20年代为初创和崛起时期。瑞典社会民主党成立于1889年,1896年首次进入议会。这一时期,瑞典社会民主党以参与议会选举和争取普选权作为其主要政治任务。1914年,瑞典社会民主党成为议会第一大党,1917年进入政府,参与了自由党领导的联合政府。在其推动下,瑞典在1918年成功地实现了普选权。但此后,作为第一大党的瑞典社会民主党在20年代的数次单独执政[③]却并没有在政治上产生影响。此时的社会民主党坚持以所有制的变革为实现社会主义的基本途径,但由于缺乏在议会中的多数支持,社会民主党不仅无法实现其党纲中规定的生产资料的国有化,甚至连一些微小的社会政策改革都无法推行。失败的执政经验促使社会民主党反思自己的思想和政策,党的理论家提出了对所有权的新

---

① 本节部分内容曾以"瑞典社会民主党的执政经验"为题,发表于《执政党建设研究》2006年第2期。

② 转引自张契尼、潘琪昌编:《当代西欧社会民主党》,北京:东方出版社1987年版,第191页。

③ 瑞典社会民主党相继于1920年10月—1921年10月、1921年10月—1923年4月、1924年10月—1925年1月和1925年1月—1926年6月执政。

认识，尤其是党主席汉森在 1928 年提出了"人民之家"的思想。这些为社会民主党政治上的崛起做了重要的思想开拓。

1932—1976 年为瑞典社会民主党的全盛发展时期。这一时期，瑞典社会民主党不仅创下了连续执政 44 年的记录①，而且领导瑞典走出了一条独特的社会发展道路。这一时期的瑞典经济稳定快速发展，几乎达到了充分就业的水平，同时建立起了包括养老退休、免费教育、医疗保险、儿童补贴、失业与劳动保险、妇女产假、社会救济与社会服务等在内的一整套社会保险和福利制度。这种以国家对社会经济生活的全面干预、独特的混合经济、高就业与高效率结合、全面的社会保障、社会团结为特征的发展模式被人誉为"瑞典模式"，它成为人们所说的北欧模式的典范。瑞典社会民主党也因此成为欧洲社会民主党的一个执政典范。

20 世纪 70 年代中后期至今是瑞典社会民主党的调整和新发展的时期。进入 20 世纪 70 年代后，在全球经济环境发生变化的背景下，瑞典传统的充分就业、以高福利促进发展的模式受到挑战。生产率下降，资本外流，经济增长放慢，同时失业率上升，一度缓和的社会关系也开始出现紧张状态。与此同时，社会民主党的执政地位也开始动摇，先后在 1976—1982 年和 1991—1994 年间失去执政地位。政治压力促使瑞典社会民主党调整执政政策。在经历了最初的激进化倾向（如雇员投资基金所显示的）后，瑞典社会民主党开始尝试吸收部分新自由主义政策的瑞典"第三条道路"，在减少政府干预、压缩政府开支和私人消费的同时，有选择地增加公共投资，刺激工业生产，带动以出口经济为先导的经济回升。同时，在保持社会基本福利的同时，也进行了一些福利政策改革。这一政策收到了成效。在促使瑞典经济回升的同时，瑞典社会民主党依然保留了与西欧其他社会民主党相比更多的传统成分。但这些改革所引发了新的社会问题却使瑞典社会民主党付出了沉重的政治代价。对于瑞典社会民主党来说，其中最严

---

① 中间只有 1936 年 6—9 月三个月的临时政府中断。

重的是改革导致一部分其传统支持队伍（包括养老金领取者和工会成员）的分离。这直接导致了2006年瑞典社会民主党的大选失利。2010年大选中瑞典社会民主党再次失利，而且其得票率创下了它从瑞典实现普选权以来的最低纪录（30.7%）。连续8年的在野（2006—2014）也是该党成为瑞典第一大党以来最长时间的在野纪录。2014年大选瑞典社会民主党虽然通过与绿党的联合得以重新执政，但得票率也只是比2010年略高（31%），为1917年以来的倒数第二纪录。由此而言，社会民主党依然处在一个底部徘徊时期。

（二）政治上的社会民主主义的话语权

社会民主党的长期执政主导了现代瑞典的社会发展方向。被人们称之为"瑞典模式"的一系列社会政治经济特点是在瑞典社会民主党长期执政的过程中确立的，瑞典社会民主党在瑞典社会政治生活中的长期主导地位，或者说"强大的社会民主主义话语"本身就是作为"社会民主主义北欧模式"代表的"瑞典模式"的一个重要特征。①

从思想观念上看，这种社会民主主义的话语权表现为瑞典社会民主党以职能社会主义的观念改造资本主义社会。早期欧洲各国社会党在社会发展的观念上都不同程度地受困于国有化（或"社会化"）这一"社会主义"的承诺。而瑞典社会民主党在其长期的政治领导中，选择了一种现实主义的政治战略，即通过对社会主义目标"职能化"的方式来改造资本主义。它可以追溯到20世纪20年代。当时瑞典社会民主党的理论家尼尔斯·卡莱比（Nils Karleby）在其《面对现实的社会主义》一书中提出，"社会主义化"不仅包括生产资料国有化，也包括根据生产社会化的需要和工

---

① [英]斯图亚特·汤普森：《社会民主主义的困境：思想意识、治理与全球化》，贺和风、朱艳圣译，重庆：重庆出版社2008年版，第24页。

人阶级的要求对私人所有权的限制、改造和其他所有社会变革。① 这种观念被瑞典社会民主党领导所接受,并直接影响了社会民主党的社会经济政策。瑞典社会民主党虽长期执政,但其主要执政特色体现在国家的干预形式而非国有化的程度上。瑞典社会民主党主要是通过其特殊的国家经济管理模式②、建立普享型的福利制度和积极的劳动市场政策等来实现社会民主主义的"平等"目标。后来,阿德勒-卡尔松以"职能社会主义"将这些观念和政策进一步理论化。他借用了法学家奥斯登·恩顿的"职能所有权"概念:所有权通常被看做是一种不可分割的概念,这在很大程度上使关于社会化问题的讨论含糊不清。与此相反,所有权应当被看做是一种可

---

① 参见高锋:《瑞典社民党的理论革新与瑞典社会变迁》,见高锋、时红编译:《瑞典社会民主主义模式——评述与文献》,北京:中央编译出版社2009年版,第68—69页。

② 即雷恩-迈德纳模式。限制性需求政策和积极的劳动市场政策是该模式的两个主要政策内容。限制性需求政策是基于这样一种理论:高利润会鼓励工会的更高的工资要求,而低平均赢利则会鼓励雇主抵制引起通货膨胀的工资需求。因此,应该从中长期意义上限制利润,以便对通货膨胀的趋势形成持续的限制性压力。由此它主张实行一种限制性的需求管理政策以挤压这种利润空间。该政策既包括在整个国民经济的收入分配结构中的高工资份额,也包括限制工资的无限膨胀。高工资份额所导致的低利润会促使企业加强产业结构的合理化,鼓励公司在生产和工作组织方面的创新以保持竞争性。但工资的无限膨胀对企业的竞争力是不利的,而且会引起通货膨胀的压力。因此主张合理的工作获得合理的报酬。它防止了对短缺劳动力的过分竞争。但该理论并不反对在衰退延长时期采用传统的反周期性的凯恩斯主义政策。限制性需求政策有降低需求的危险,并产生一定范围内的失业。雷恩-迈德纳理论认为可以通过积极的劳动市场政策抵消这些消极因素。积极的劳动市场政策由需方措施和供方措施组合而成。需方措施包括公共工作计划,对企业的就业补贴,控制免税的私人投资基金的发放,以及在那些会出现失业增加的地方由国家买单在企业和地方安置工作岗位。供方措施则包括提供就职信息和其他便利劳动力流动的服务,提供广泛的培训和再培训,便利向新领域的自愿流动。积极的劳动市场政策便利了劳动力的市场参与,劳动力向赢利行业的流动性显著增加。通过这些措施,瑞典成为世界上劳动力参与率最高的国家。总之,雷恩-迈德纳方式是用凯恩斯的需求管理来在那些经济最有效部门实现充分就业,但在整个经济中却不完全是充分就业。因此它也被人视为一种凯恩斯主义的修订版。参见 Rudolf Meidner, "Why Did The Swedish Model Fail?" see David Coates (ed.), *Models of Capitalism: Debating Strengths and Weaknesses*, Volume II Capitalist Models Under Challenge, Edward Elgar Publishing Limited, 2002, p.397。

以分割的概念，它包含着由所有者对其所有物可能行使的许多职能。①由此来理解，瑞典社会民主党所领导建立的混合经济实际上已经使资本主义经济在许多方面"职能社会化"了。这也是瑞典不同于其他欧洲国家的社会民主主义方式的一个重要方面。

从社会政治结构来看，这种社会民主主义的话语权是社会力量关系相对平衡的表现。瑞典社会民主党充分利用了瑞典社会高度组织化的特征，保持了与工会以及其他一些社会组织的密切关系。瑞典社会中的最大两个基本阶级，即无产阶级与资产阶级都高度组织化。全国绝大多数受雇佣的职工都参加了蓝领工会联合会（LO）；而全国绝大多数的私人企业主都参加了雇主协会（SAF）。瑞典工会联合会是由社会民主党成员在1898年建立的，它是由跨私有和公共部门的各类工会（现有14个）组成的伞状组织。工会传统上保持了很高的组织率。在瑞典工会联合会的组织领域范围内80%—85%的雇员是工会成员。虽然它与社会民主党是相互独立的，但直到20世纪90年代以前，工会联合会的一些所属分会的成员自动成为社民党的集体党员。两者之间从上到下都存在密切的组织联系和合作关系。战后瑞典的一些重大政策，包括雷恩-迈德纳计划、团结工资政策、雇员投资基金等都是社会民主党与工会合作的结果。工会是社会民主党保持长期执政的稳定政治基础。社会民主党与工会运动的这种结合使得瑞典社会的劳动与资本力量之间形成了一种相对的力量平衡。这是构成瑞典模式的其他一些特点——如共识政治，团结工资政策等——的一个重要条件。

（三）妥协政治和共识政治

瑞典社会民主党在其长期的执政过程中寻求一种跨阶级的合作。1928年瑞典社会民主党领导人汉森表示的"人民之家"概念表达了社会

---

① 张小劲、李元庆编译：《从职能社会主义到基金社会主义》，哈尔滨：黑龙江人民出版社1988年版，第37页。

民主党寻求跨阶级合作的意愿。他把国家比作家庭，认为其基础是"共有和团结"。一个好的家庭应该贯穿平等、关心、互助和合作的精神。1932年后瑞典社会民主党在其长期执政过程中坚持了阶级合作原则，并由此奉行一种妥协政治。20世纪80年代以前，在瑞典议会的五个政党中，只有依托工人运动的社会民主党始终保持了稳定的、庞大的选民支持队伍，其他几个政党（尤其是右翼阵营里的几个政党）相对来说力量分散，而且选民的支持队伍变化很大。这是社会民主党得以长期保持执政地位的一个有利政治环境。在这种有利的政治环境下，瑞典社会民主党非常注重通过妥协政治的方式聚集广泛社会力量对其政策的支持，善于通过与其他小党合作来推行自己的政策。从1932年以来，它先后与农民党、自由党、绿党和左翼党（共产党）建立过执政联盟。无论是单独执政还是与其他政党联合执政，社会民主党都注重寻求在经济和福利国家等问题上与其他政党的政治共识和妥协，由此开放了它与其他政党政治合作的空间。

寻求妥协和共识也是瑞典社会民主党在公共政策决策领域的一个重要特点。社会民主党在执政理念上注重使不同政治角色拥有参与和决定社会政治生活的平等权利和义务，在共同认可的政治制度的基础上，通过彼此承认的程序和过程达成彼此可以接受的结果。为此，社会民主党建立了一套灵活的制度机制，包括促进调和劳资关系的集中化的最高级劳资谈判机制，建立政府与主要利益集团之间协商合作的正式或非正式机制等。在这种合作精神和制度机制之下，瑞典社会民主党政府的重大决策在正式形成之前一般都是在经各政党、各利益集团的代表协商并基本取得一致意见后才出台的。瑞典能够长期同时保持高水平的社会福利和高效率的生产率，是与这种社会团结氛围分不开的。无疑，这种社会团结政策也是社会民主党能够长期保持执政的人气的重要因素。

社会民主主义的话语权、妥协政治和共识政治，这些虽然是与社会民主党的长期执政联系在一起的，但它们所表达的观念却已经渗透到了瑞典的社会政治生活中，成为瑞典独特的政治生态。因此，即便进入21世纪后社会民主党政治上独领风骚的形势已然失去，以温和党为代表的保守政治力量已经在政治上取得了与社会民主党相近的政治地位，并两度战胜社会民主党领导的左翼联盟而执政，但团结政策与市场经济的结合、社会妥协原则这些人们曾经将之与社会民主主义联系在一起的政治取向依然渗透在瑞典政治生活中。事实上，如人们所指出的，2006年和2010年温和党领导的中右翼联盟战胜瑞典社会民主党领导的左翼联盟的纲领政策在许多方面都接近于社会民主党的传统政策。我们也可以从本书收录的温和党的党纲的一些提法中体会这一点。①也就是说，瑞典社会民主党长期执政的烙印已经深深地渗透在了瑞典的政治生态环境中。

四、制约瑞典主要政党的法律法规和内部规章制度

瑞典是一个严格的法治国家。在政党制度方面，国家通过一系列的法律法规严格规范了政党的政治行为。在此框架下，各个政党又按照本党的党纲党章开展活动。

（一）国家有关政党的法律规范

国家通过完整的法律体系规范政党的行为，而政党严格按照法律规范行事，这是瑞典政党制度的重要特征之一。这首先体现在国家通过法律的形式对政府的组织，进而也对政党参与政府活动做了详细的规定。现代政党、尤其是以执政为目标的主流政党的主要政治活动是围绕参政和执政而展开，这其中包括了参与各个层级的政府（包括欧盟）的组织活动。

瑞典为君主立宪国家，有成文宪法。决定瑞典政府组织及政党活动的基本法律框架包括宪法、《议会法》、《选举法》以及其他一些具体的法律

---

① 如温和党在其党纲中称自己是"瑞典唯一的工人政党"，是"最值得信任的福利党"。它在一些具体的社会政策问题上的注重也明显区别于欧洲其他国家的保守主义政党。

制度规范。其中最重要的是宪法。瑞典宪法实际由四个基本法律构成，即《王位继承法》（Act of Succession）、《新闻自由法》（Freedom of the Press Act）、《政府组织法》（Instrument of Government）[①]和《表达自由基本法》（Fundamental Law on Freedom of Expression）。《王位继承法》主要涉及对瑞典国王的继承以及与之有关的王室成员的行为规范的规定。《新闻自由法》和《表达自由基本法》主要是对公民基本权利的规定，其中《新闻自由法》详细规定了公共媒体的权利及公民通过公共媒体的表达权利；而《表达自由基本法》则规定了瑞典公民通过各种形式表达和交流思想、意见和情感的自由权利。《政府组织法》则对政府的组织原则、构架及运行制度做了详细的规定。

这四部基本法中，对政府组织以及政党制度进行规范的最重要的法律是《政府组织法》。瑞典是较早通过法律形式对政府构成进行规定的国家之一，其第一部《政府组织法》发布于1634年，但以文字形式规定国家如何治理的规则在14世纪中期即已存在，国王芒努斯·埃里克松（Magnus Eriksson）时期制定了《国民法》（National Law）。不过，瑞典现有的政府运行制度框架，这主要指以议会制为基础的现代政府治理结构是在第一次世界大战后形成和完善的。但议会制原则，即政府在议会的支持下负责治理国家的原则一直到1969年才写进宪法。现有的《政府组织法》是1974年生效的。作为瑞典基本法之一，瑞典《政府组织法》确立了瑞典民主的基本原则，对瑞典国家的治理方式、民主权利以及公共权力的划分做了明确规定。它确立了三项宪法基本原则，即一切公共权力来自于人民，民主原则（包括结社自由、投票权和表达自由等），以及依法行使公共权力。基于这些基本原则，《政府组织法》对政府组织的各个环节，包括议会的构成与运作，国家元首的职能及作用方式、政府的构成以及一些重大政策权力的运用原则和程序等都做了明确的规定。与其他西方国家一

[①] 或译为《政府法典》。

样，瑞典现代政府的组织是以政党为基础和基本单位的，《政府组织法》也对瑞典政党的定位、活动原则和方式作了详细的规定。按照该法，政党是合法参加选举的组织；是公民个人参与国家事务的中介。因此，上述瑞典《政府组织法》确定的宪法基本原则同时也是瑞典政党政治活动的指导性原则，而该法对政府组织各个环节的规范既是政党参与政府组织的最重要的法律依据，也是对政党参与政府活动的严格规范。

除《政府组织法》外，《议会法》和《选举法》也是瑞典政党参与政府活动的重要法律依据。《议会法》（Riksdag Act）是专门规范议会内部组织和程序的法律，而现代的议会主要是以政党为基本单位进行的，参与议会活动并通过议会活动参与政府活动也是现代政党，尤其是主流政党的最重要的政治作用方式。因此，《议会法》实际也是除《政府组织法》外政党参与议会以及政府活动的最基本的法律依据。1974年以前，瑞典《议会法》属于基本法，但此后，它成为介于基本法与一般法之间的法律。与基本法相比，《议会法》的主要条款可以由单一的议会决定而修改，该决定要获得参与投票人数四分之三以上以及半数以上的议会议员的支持才能通过。相比于此，基本法的修改要更为复杂。①但比之一般法律，它的一些条款更难以改变，实际上《议会法》介于基本法与普通法之间。从内容上看，相比于其他国家，瑞典的《议会法》对议会活动的规则和内容的规定更为详尽。这也意味着它对瑞典政党参与政治活动的规范性更强。此外，《选举法》对瑞典的各类选举活动的程序和规则进行了详细规定，而这些规则面对的对象主要是政党，因而它也是瑞典政党参与选举政治的重要法律依据。《选举法》主要是针对政府各层级的选举活动，在瑞典它主要包括了瑞典国家议会、省议会和市的立法会议。但随着欧盟的发展以及瑞典参与欧盟事务的进程加深，瑞典的《选举法》也专门将欧盟的选举纳入其规范内容。

---

① 根据宪法规定，基本法的修改要获得连续两届议会的批准。

除了对政党参与政府活动的原则和程序的明确而详细的规定外，瑞典也对国家对政党的资助做了明确的法律规定，这主要是通过《政党财政资助法案》体现。在西方国家，政党的组织和动员能力很大程度上取决于其财政能力。这方面，不同的政党在不同的时期有不同的做法。但在很长一段时期里，政党的这种能力很大程度上取决于它与各种利益集团之间的关系。历史上，许多政党本身即是依托于与特定利益集团的特殊关系而产生和发展起来的，如在欧洲国家普遍存在的社会民主党与工会之间的特殊关系。这种关系除了体现政治上的代表意义外，也体现了政党在财政方面对特定利益集团的依赖性。如欧洲一些国家的社会民主党长期作为工人组织，尤其是工会的政治代表影响政府政策，而工会则成为社会民主党重要的财政支持来源。这曾经是20世纪上半叶欧洲大众型政党发展的一种典型模式。而且，一直到今天，一些国家的政党依然保持了与特定利益集团之间的这种相互依赖关系。从代议政治的本义上说，这似乎也是无可厚非的。但政党的性质以及政党（尤其是以参与执政为目的的主流政党）与政府的关系实质上涉及了对公共权力的运用。因此，政党与利益集团在经济上的这种关系难免会演化为一种利益输送关系，公共资源成为执政或参与执政的政党回报利益集团的筹码。这事实上是有违于西方民主国家对公共权力的运用原则——即一切公共权力来源于人民，人们有平等的参与权利。如何约束这种现象？欧洲许多国家的做法是通过法律的形式由国家为政党提供必要的财政资助，由此而限制其对特定利益集团的过分财政依赖。具体的做法各国有所不同。瑞典是较早利用国家公共资金资助政党的国家，20世纪70年代初即已颁布了《政党财政资助法案》（Act on State Financial Support to Political Parties 1972：625）。该法案确定根据政党参与各级选举的得票率，由国家为政党提供财政资助。具体的资助又包括了政党资助和办公资助两种形式。这种由国家对政党进行财政资助的方式无疑鼓励了政党将更大的精力投入到合法的选举政治中，同时它也限制了政党与特定利益集团之间因为经济上的依赖关系而事实上存在的利益输送关系，尤其鼓励执政党从"国家"而非特定利益集团角度考虑治国理念和政策。与此同时，由于国家为政党提供了必要的财政资助，国家也因此能够更多地限制政党及其候选人在选举中利用政治基金支持的方式方法。但这种资助形式显然更有利于大党，而不利于小党，尤其是那些无法通过正常的选举进入议会的小党，后者成为了政党政治格局中的边缘化力量。在这种氛围下，容易形成一种强者恒强的政治格局。也正是通过这种方式，虽然在法律和民主的框架下政党无数，但事实上真正发挥政治作用的政党为数有限，国家治理的权力事实上集中在有限的少数政党手中。

（二）政党在议会中的组织

在瑞典的议会民主制度下，议会是政党的主要活动舞台。上述法律虽然对政党参与议会以及政府的规程做了严格限制，但对于通过选举进入议会的政党本身的组织运作并没有具体规定。约束后者的主要来自两方面，一是政党在议会和政府中的组织活动遵循一些历史的习惯，二是相关政党对其议会党团活动的规定。

政党在议会中的活动主要是以议会党团的形式进行。这方面，上述相关法律主要是对政党参与议会和政府组织的程序——如议长会议以及各常设委员会的组织——做了规定。如任何人要成为议会议员必须被一个政党提名。在议会中，同属于一个政党的议员组成一个党团。政党议会党团在议会中的地位非常重要，在议会及瑞典政治生活中起重要作用。在议会进行的各种选举以及就一些重要事务进行的讨论协调中，议长都要与各党议会党团磋商。不过，瑞典法律对议会党团的具体工作和其内部组织并未做明确规定。议会党团的工作按照各政党自己的规则和习惯进行。但不同党团之间的组织和程序有许多相似之处。如议会党团一般由一个执行委员会领导。绿党将该机构称为协调小组。议会党团领导人对正在进行中的事务负责。议会党团及其成员得到一个党的议会秘书处的帮助，它由专家、政治顾问和该党所雇请的一些助手组成，负责与党的其他组织部门密切合作。政治顾问负责收集信息、准备政治提案、处理媒体事务、回复电子信件以及为议员进行宣传。政府为政党支付政治顾问的费用提供财政资助,其资助额按照每个议员一个政治顾问的费用计算。但这笔费用如何分配由政党决定,以便为了议员的需要为其提供秘书。秘书处的规模因党的规模而各异。①

对议员的个人立场虽没有强制性的法律规定,但一般是一种政党行为。②议员在其各自委员会以及在议会大会中就所有重要事务做出的最终决定要事先经党内讨论。议会党团的工作很大程度上受一个党是处于执政地位还是处于反对党地位的影响。另一个重要影响因素是政府在议会中是否拥有多数地位。执政党的工作涉及政府的组成和政策的制定,并设法获得议会的支持,后者的工作对于少数政府来说尤其关键。而反对党的主要任务是提出政府政策的替代性方案,并设法获得多数支持。

议会党团一般在星期二下午开会。这些会议是不对公众开放的。执行委员会事先准备好议程。这些会议要准备所有的选举事务,一些重要的个人提案要经讨论,并提出政党提案。由于议会工作包括了所有的社会领域,因此议会议员需要具有各个领域较深以及较专门的知识。议会党团的工作因此分为委员会小组,由专业领域的一些成员组成。这些小组中的成员准备提案和党对政府建议的立场,在这些事务领域中具有专业知识背景的议会外党员及支持者也有可能参与这一工作。所有重要事

---

① 参见 http://www.riksdagen.se/en/How-the-Riksdag-works/The-parties-in-the-Riksdag/。

② 虽然议员一般都是作为政党的候选人提名和当选的,但对于以某个政党名义当选的代表,国家的相关法律并没有规定他或她必须保持其政党属性。政党与其提名代表之间的关系主要由各政党的内部规定决定。如瑞典社会民主党章程中专门有《关于当选代表与党组织合作的规定》。即便如此,一个以某一政党名义当选的议员在当选后也可以选择脱离其所属政党并以个人的身份保留议员资格。如2014年大选中当选的一位瑞典民主党议员在当选后宣布脱离了该党,而以个人身份在议会活动。当然,这种情况很少见,因为在瑞典现有的选举制度下,对个人来说,这种做法的政治风险是显而易见的。也就是说,党对其代表的约束主要不是靠组织约束,而是靠其对选举政治的实际控制权。

务都要在议会党团中讨论和决定。而一些次重要的事务则由党的相关委员会的代表负责。

追求政治的妥协和平衡是瑞典政党政治的一个重要特征，对政党的议会活动的一些程序性规定以及各议会党团的一些习惯性做法体现了这一特征。如所有的议员都应有替补议员，以便在前者不能正常履行职务时保持议会工作的连续性和结构平衡。除此之外，各议会党团之间也通过一些带有约定性的习惯安排来保持议会既有的结构平衡不致因偶然性因素而改变。其典型例子是一种被称为约定不投票体制（pairing system）。约定不投票是指政党间的一种协定，即在某次投票活动中，当出现持相对立场的政党有议员因故不能参加投票的情形时，一个政党的一位或多位议员自愿缺席投票。来自一个政党集团的缺席投票与另一个政党集团的缺席投票是成对的。每个议会党团会选择一些成员负责约定不投票。政党集团之间的这种约定不投票习惯是瑞典各政党之间对代议民主原则的共同遵循的体现。

（三）主要政党的内部规章制度

政党内部的规章制度依政党的性质、政治地位的差异而有很大出入。这首先涉及了不同政党的不同定位和组织。一般来说，一些传统的群众型政党更为强调党的组织，因而更为强调通过共同认可的纲领章程来维系党的团结和统一，同时保证党的组织的有效性。这方面最典型的代表是瑞典社会民主党。但对于一些新型政党来说，它们更为强调的是参与者的共同的理念，而不是通过共同的纲领和章程来约束党员。如建立于1981年的瑞典绿党，是从1980年的全民公决中的反核运动中发展起来的新型政党组织。它在组织上不同于传统政党，没有正式的党领导层，只有两个发言人。总的来说，从党的内部规章制度角度来看，长期作为第一大党和执政党的瑞典社会民主党的党内制度是最为健全的，这尤其体现在其党纲和党章上。这主要体现在两个方面：一是从内容方面来看，其党纲和党章覆盖了党的活动的方方面面。作为一个传统的左翼政党，党纲是社会民主党从事政治活动的最重要的纲领性文献,它对党的目标、价值观念、政治方向和主要政策做了全面的规定。而党章则是党的组织的最重要文献,它对党的组织构成和作用方式、党员权利和义务、党的选举程序以及当选代表的权利和义务,甚至党与其他社会组织的关系等都做了详细的规定。二是注重时代变化。善于根据时代的变化来调整自己的纲领和政策是瑞典社会民主党政治成就的一个重要条件。这体现在了社会民主党对其党纲党章的态度上。如曾为瑞典社会民主党党纲委员会主席的恩·考克所指出的,一方面,党纲是指导党的日常工作中的种种变迁的党的意识形态和价值观的宣示,而这些价值观在许多方面是超越时代限制的,所以,党纲具有一定的持久性;但另一方面,实际情况却是不断变化的,党的政策必须以实际情况为出发点并随之进行调整。所以,瑞典社会民主党对党纲的修改采取多思和审慎的态度,相对较少地对之进行修改。① 从1889年成立至今,瑞典社会民主党总共制定了10个纲领,其中在1920年之前就有4个。也就是说,从1920年第4个纲领之后至今的近一个世纪只有6个纲领。但每次的纲领都突出了社会民主党面临的时代变化的问题。所以,从进入21世纪后瑞典社会民主党已经两次修改纲领(分别为2001年纲领和2013年纲领)中也可以看出,目前社会民主党所面临的变革形势。

五、本书基本框架

本书分两部分。第一部分收录了瑞典国家有关政党的一些相关法律规定。首先是宪法。如上所述,瑞典宪法实际由四部基本法构成。本书只是选编了其中对政党最为重要的《政府组织法》。其他三部基本法虽然也涉及瑞典民主制度的基本原则,因而也是对瑞典政党参与政府组织的约束性法律文件,但对于政党来说其规范意义主要在于一些原则性的规定,如关

---

① 恩·考克:《瑞典社民党党纲简评》,见高锋、时红编译:《瑞典社会民主主义模式——述评与文献》,北京:中央编译出版社2009年版,第133页。

于媒体自由和意见表达自由等基本权利的规定，可这些在《政府组织法》中也有专门而明确的规定。此外，本书主要选取了介于基本法与一般法之间的《议会法》，以及两部直接涉及政党的普通法律，即《选举法》和《政党财政资助法案》。这些法律从总体上对瑞典政党的政治活动的内容——主要指参与政府组织——参与选举和各级政府及国际组织的程序和方式方法，以及国家对政党的财政资助方式做了规定。

第二部分主要为政党的内部规章制度。这里主要选取了瑞典社会民主党的党纲和党章，以及温和党的党纲。这两党是目前瑞典最重要、也最有代表性的两个政党。它们分属于传统的左翼和右翼。瑞典社会民主党信奉社会民主主义①，而温和党属于保守主义政党②。当然，无疑，无论从历史上对瑞典社会政治的影响力还是从作为一个传统的大党的代表性来说，瑞典社会民主党的重要性明显大于温和党。事实上，一直到20世纪80年代，温和党都还属于一个弱小的政党，即便是在反对党中也并不十分突出。但此后其发展迅速，不仅很快成为了议会第二大党，而且打破了几个右翼政党力量均衡的结构，成为右翼保守阵营的实际领导者。另外，该党在改名"温和党"后，其政治立场也变得更为中间化，甚至也表示自己属于"工人党"。可以认为，瑞典社会民主党和温和党的相对地位和变化将直接决定瑞典未来的政治结构和走向。因此，本书在主要选取瑞典社会民主党的党纲和党章的同时，也第一次组织翻译了温和党的2013年党纲。本书选取的瑞典社会民主党党纲为该党2013年通过的最新党纲，党章为该党2005年代表大会通过的党章。③

---

① 20世纪90年代以来，欧洲一些社会民主党更愿意用"社会民主主义"而非传统的"民主社会主义"来表示自己。与之不同，瑞典社会民主党依然坚持用"民主社会主义"表示其理念。

② 温和党在1969年以前就称保守党。

③ 瑞典社会民主党的前九个党纲在高锋、时红编译的《瑞典社会民主主义模式——评述与文献》（中央编译出版社2009年版）中已收录。本书收录的该党2005年党章也收录在了该文献汇编中。

第一部分

宪法、全国性涉党法律

瑞典宪法（节译）[1]

第一章 政府组成的基本原则

第一条 瑞典一切公共权力来自人民。瑞典的民主制度以言论自由和普遍、平等的选举为基础，通过代议制和地方自治而实现。

公共权力依法行使。

第二条 公共权力的行使应尊重所有人的平等价值以及个人的自由和尊严。公民个人的私有的、经济的和文化的福利是公共活动的基本目标。公共制度尤其应保障就业、住房和教育权利，促进社会服务和社会保障，及良好健康所需适宜条件。

公共机构应促进旨在为本代人及未来人提供良好环境的可持续发展。

公共机构应促进作为所有社会部门指导原则的民主目标，保护个人的私有和家庭生活。

公共机构应促进所有人在社会中的参与和平等机会，促进儿童权利的保障。公共机构应抵制基于性别、肤色、民族出身、语言或宗教、身体残疾、性取向、年龄或其他影响个人机会的歧视行为。

应促进保护和发展原住民以及民族、语言和宗教方面的少数群体的文化和社会生活。

---

[1] 瑞典宪法由四个基本法构成：《王位继承法》、《新闻自由法》、《政府组织法》和《表达自由基本法》。本节译为《政府组织法》。它是瑞典最近的宪法即1974年宪法的一部分。本译文根据瑞典国家议会网站提供的该法英文版翻译。原文最后一部分，即1976年、1979年和2010年宪法修正案的过渡条款在此省略。

第三条 政府组织法、王位继承法、新闻自由法和表达自由基本法是瑞典王国的基本法。

第四条 议会是人民的主要代表。议会制定法律、决定国家税收并确定国家资金的运用。议会对瑞典政府和行政机构进行监督。

第五条 依据王位继承法在位的瑞典国王或女王为国家元首。

第六条 政府治理王国，并对议会负责。

第七条 瑞典在地方和地区设地方权力机构。

第八条 各级法院行使司法权，中央和地方行政机构行使公共行政权。

第九条 法院、行政机构和其他行使公共行政职能的机构在行使其职能时，应尊重所有人在法律面前的平等，并遵循客观公正原则。

第十条 瑞典为欧洲联盟成员国。瑞典还参与联合国框架下的，以及欧洲理事会和其他框架下的国际合作。

第二章 基本权利和自由

舆论自由

第一条 个人在与公共机构发生关系中的以下权利和自由应得到保障：

1. 表达自由：即以口头、图像、书面或其他方式交流信息和表达思想、观点和意见的自由；

2. 信息自由，即获得和接受信息的自由，以及知悉他人言论的自由；

3. 集会自由，即组织或参与为获取信息或表达观点或其他类似目的，或艺术品展示目的的集会的自由；

4. 游行示威自由，即组织或参与在公共场所举行的游行示威的自由；

5. 结社自由，即为公共或私有目的与他人结成社团的自由；

6. 宗教自由，即单独或与他人一同从事宗教活动的自由。

《新闻自由法》和《表达自由基本法》的条款适用于在广播、电视和类似媒体传送，以及在电影、音像制品和其他技术制品方面的新闻自由和相应的表达自由。

《新闻自由法》也包含获得官方档案权利的条款。

第二条 任何人在其与公共机构发生关系时不受强制发表关于政治、宗教、文化或其他事务方面的言论，也不受强制参与表达意见的集会或示威或其他舆论表达形式，或不受强制参加政治社团、宗教团体或其他上述意见表达社团。

第三条 每个瑞典公民在公共部门的登记信息未经本人同意不得作为其政治观念的唯一表达依据。

身体完整和迁徙自由

第四条 不得施用死刑。

第五条 任何人都受免受体罚的保护。任何人不得受出于强求或压制言论而施行的酷刑或药用处罚。

第六条 任何人除受第四条和第五条保护之外，在其与公共机构发生关系时，也不得受任何身体暴力。任何人同样也不得受搜身、住房搜查以及其他此类干扰侵犯，不得受信件或其他私人通信检查，以及电话通话或其他私人通讯联系不得受窃听或录音。

除本条第一段所列之外，任何人在与公共机构发生关系，在涉及监视或对个人私人环境有计划监控情形时，未经个人允许，其私生活不得受重大干扰。

第七条 任何瑞典公民不得被驱逐或被拒绝进入王国。

任何居住在王国或此前曾居住在王国的瑞典公民，其公民权利不得被剥夺。不过对于未满十八岁儿童，可以限定其拥有与其父母或与其父母一方相同的国籍。

第八条 任何人在其与公共机构发生关系时，其个人自由不得被剥夺。另外，所有瑞典公民在瑞典国内的迁徙自由和离开瑞典国的自由也应得到保护。

法律规定

第九条 当一个非法院的公共机构因为一个人的犯罪行为或因为其被怀疑有犯罪行为而剥夺其个人自由时，该个人有权利要求法院及时审查该剥夺自由行为。但此规定不适用于按照外国法律被剥夺自由后转由瑞典执行惩罚责任的情形。

那些因本条第一段所列之外原因被强制拘留的人同样有权利要求由一个法院及时审查该拘留案。在此情形下，特别法庭（tribunal）的审查等同为法院的审查，只要该特别法庭的构成是按照法律组成的，并规定该法庭主席应是现任或前任终身法官（permanent salaried judge）[①]。

如果审查未提交给一个根据本条第一段或第二段具有资格的管辖机构，这类审查应由一个具有普通管辖权的法院承担。

第十条 任何人不得因事发时不属于刑事处罚范围的行为而被处罚或刑事惩罚。不得对任何人施行比案发行为实际应受惩罚更重的判刑。本条在此所列的量刑也适用于针对犯罪的没收财物及其他特别法律行动。

国家不得为执法征收税费，除非是根据已有的法律条款出现了应征收税费的情形。但如果议会认为有特别的理由要做如此授权，它应该以制定法律的形式规定政府可以征收此类税费，即便当前述情形出现时该法律尚未实施，只要政府或议会的某个委员会已在所在时间段内为此向议会提出了建议。政府向议会提交的告知即将实行此建议的书面文件等同于正式建议。如议会认为本段第一句条款的授权只适用于战争或战争危险，或经济危机之特别情形时，应进一步明确该条款规定的例外情形。

第十一条 不得为一项已判处的行为，或为一特别纠纷或为其他特别案例开庭。

[①] 终身法官（Permanent salaried judges，瑞典语：ordinarie dommare）由政府任命，为保持法院判决的独立性，他们的选择任命和免职都适用特别的程序，因而几乎不可能解雇。

应公正并在合理的时间内执行法律程序。法院开庭进程应对公众公开。

免受歧视的保护

第十二条 任何人不得因其属于种族、肤色，或其他类似环境的少数团体或出于其性取向原因而受到不公正的法律行为或规定的对待。

第十三条 任何人不得因其性别而受到不公正的法律行为或规定的对待，除非该规定是为了促进男女之间的平等或与强制兵役或其他同等法定义务有关。

第十四条 除某项法律行动或依协定另有规定之外，工会或雇主或雇主协会可以采取劳工行动。

财产及公共权利保护

第十五条 每个人的财产应受保护。除为紧急公共利益所必须外，任何人不应被强制没收或被以其他类似处置方式将财产让给公共机构或私有机构，或容许公共机构限制其使用个人土地或建筑。

以没收或其他类似处置方式迫使个人转让财产的，个人损失应得到完全赔偿。个人因土地或建筑被公共机构限制使用而导致受影响财产部分的受损或财产价值显著贬值者，也应得到赔偿。赔偿应按照法律规定的原则进行。

但在对土地或建筑的使用限制是依据人类卫生或环境保护的需要，或依据安全需要而施行的情形下，相关法律中的规定适用于索赔要求。

尽管有上述规定，任何人都有根据获得公共资源的权利而拥有享受自然环境的机会。

版 权

第十六条 作家、艺术家和摄影者都有根据法律规定而拥有其作品的权利。

从业自由

第十七条 对（个人）从业的限制只有在为了紧急公共利益的情形下才被允许，而且绝不允许仅只是为了特定个人或企业的进一步经济利益。

原住民从事驯鹿饲养业受法律控制。

教育和研究

第十八条 义务教育覆盖范围内的所有儿童有在公共教育体系中获得免费基础教育的权利。公共机构也有提供更高教育机会的责任。

依据法律规定，研究自由受到保护。

《欧洲人权公约》

第十九条 任何有违瑞典根据《欧洲人权公约》所承担保护人权和基本自由责任的法律条款或其他规定不得被采用。

限制权利和自由的情形

第二十条 在本章第二十一——二十四条规定范围内，可根据法律对以下权利和自由予以限制：

1. 表达自由，信息自由，集会自由，游行示威自由和结社自由（本章第一条第1—5款）；

2. 本章第四条和第五条之外免受体罚的保护，免受搜身、住房搜查以及其他类似干扰侵犯，免受对通信或联系的隐私干扰，以及其他对个人私人环境进行监控的侵犯行为（本章第六条）；

3. 迁徙自由（本章第八条）；以及

4. 公共法庭程序（本章第十一条）。

在法律权限内，可根据第八章第五条规定情形和在禁止披露的履行公共或官方义务事务有被人知晓的情形下，对本条第一段所涉及的权利和自由予以限制。集会自由和游行示威自由也可根据第二十四条第一段第二句规定予以限制。

第二十一条 只有在满足在一个民主社会中可接受目的的前提下，第二十条所指限制才可以施行。该限制绝不能超出施行该限制行为赖以成立的必要目的的前提，其施行也不能超出威胁民主基础的舆论自由的范围。不能仅只是根据政治、宗教、文化或其他类似主张施行任何限制。

第二十二条 如经至少十人以上成员提出，一项根据本章第二十条制定的法律草案自议会委员会首次建议报告提交给大会之日起应至少搁置十二个月，除非其被议会拒绝。但如果至少得到六分之五以上的投票支持，议会可直接采用该建议。

第一段不适用于任何其法律期限延长不超过两年之法律草案。也不适用于任何只涉及以下情形的法律草案：

1. 禁止披露的履行公共或官方义务事务有被人知晓的情形，和根据《新闻自由法》要求保密的情形；

2. 住房搜查和类似的隐私侵犯；或

3. 作为对某一特定行为的刑事处罚的剥夺自由情形。宪法委员会代表议会决定是否在一特别法律草案中适用第一段情形。

第二十三条 在涉及下列情形时，表达自由和信息自由可受到限制：国家安全、全民利益、公共秩序和安全、个人良好声望、私生活，以及防止和起诉犯罪。商业活动中表达自由和信息自由也可受到限制。此外对表达自由和信息自由的限制只有在得到授权的特别重要理由下才可施行。

判断何种情形才能按照第一段施行限制时，必须特别注意尊重在政治、宗教、职业、科学和文化事务中最广泛的表达自由和信息自由的可能。

一些法律条款更详细地规定了控制传播或接受信息的某种特别方式而并不涉及其内容，通过此类法规条款并不能被视为是对表达自由和信息自由的限制。

第二十四条 在某次集会或游行示威活动中，或在特定的交通疏通行动中，可以出于保护公共秩序和公共安全目的限制集会自由和游行示威自由。此外只有在为了国家安全或为了防止流行疾病的情形下才能限制此类自由。

只有在组织的活动属于军事或准军事性质，或对特定的种族、肤色或其他此类情形的人群构成迫害的前提下，才可对结社自由予以限制。

第二十五条 对瑞典王国内的外国国民，下列权利和自由会受到特别限制：

1. 表达自由，信息自由，集会自由，游行示威自由，结社自由和宗教自由（第一条，第一段）；

2. 免受被强制发表言论（第二条）；

3. 除受第四条和第五条保护之外，免受身体暴力，免受搜身、住房搜查以及其他类似干扰侵犯（第六条）；

4. 免受自由之被剥夺权利（第八条第一句）；

5. 除因法庭认定犯罪或被怀疑有犯罪行为而被剥夺自由之外的自由剥夺权利（第九条第二、三段）；

6. 公共法庭程序（第十一条第二段第二句）；

7. 作者、艺术家和摄影者的著作权（第十六条）；

8. 从业权利（第十七条）；

9. 研究自由权利（第十八条第二段）；

10. 免受舆论侵犯（第二十一条第三句）。

第一段所述的特别限制适用于第二十二条第一段、第二段第二句和第三段之规定。

第三章 议 会

议会的形成和构成

第一条 瑞典议会通过自由、秘密投票和直接选举的方式产生。

此类选举按政党投票，选民拥有表达个人选举倾向的投票权。

政党表示任何以特定的名称参与竞选的选民团体或集团。

第二条 议会为一院制，由三百四十九名议员组成。应任命议员的代替人①。

正常选举

第三条 议会的正常选举每四年举行一次。

选举权利和选举资格

第四条 每一个现居住在瑞典王国或曾经居住在瑞典王国、年满十八岁的瑞典公民拥有议会选举投票权。

只有有资格投票的人才可能成为议会成员或代替议员（alternate member）。

一个人是否有投票资格由选举前制定的选民登记名单决定。

选 区

第五条 国家为议会选举而划分为选区。

选区间的议席分配

第六条 议会议席中三百一〇个属于固定选区席位，三十九个属于调整席位（adjustment seats）。固定选区席位在选区之间分配，它们根据每个选区有投票资格的人数与全国有投票资格的人的总数之间的关系计算。选区之间的席位分配每四年确定一次。

政党之间的议席分配

第七条 议席在政党之间分配。

只有至少获得全国百分之四选票的政党才能够分享议席。不过，一个

---

① 许多政府部长本身是议会成员，在内阁期间他们保留议员身份，但应由代替人（alternate）行使其议员职能。——编者注

在全国得票率低于该比例,但在一个选区获得至少百分之十二选票的政党可参与该选区的固定席位分配。

第八条 每个选区固定选区席位的分配按各政党在该选区的得票结果按比例分配。

调整席位按以下方式分配:所有议席——但要除去那些已经按规定分配给全国总得票率低于百分之四的政党所获得的选区固定席位——按照参与分配的各政党全国得票总数按比例分配。如果一个政党在固定席位的分配中所获席位已超过该政党在议会中应有的比例代表数,那么在调整席位的分配中就不再考虑该政党以及其所获得的选区固定席位。调整席位在各政党间分配之后分配至选区。

政党之间调整席位的分配使用奇数方法,第一个除数因子调整到1.4。

第九条 每一政党对于自己所获得的每个席位应指定一名议员及一名代替议员。

选举有效期

第十条 每一次选举的有效期为从新选举出的议会召集之日到下一届选举出的议会召集之日。

新选举出的议会应在选举日后的十五天内召集,但不得早于宣布选举结果后的第四天。

特别选举

第十一条 政府可以决定在两次正常选举之间举行议会的特别选举。特别选举在该决定做出后三个月内举行。

一次议会选举后,政府不能在新选举的议会第一次召集会议后的三个月内举行特别选举。在全体政府部长已被正式免职、等待新政府就职的看守政府期间,政府也不能宣布举行特别选举。

第六章第五条对特殊情况下举行特别选举作了规定。

选举结果的申诉

第十二条 有关议会选举结果争议的申诉由一个由议会任命的选举审核委员会（Election Review Board）受理。该委员会的裁决为最终裁决。

即使选举结果出现争议，当选议员应履行其职。如果选举结果被更改，新议员在结果宣布后立即就职。代替议员适用类似的规定。

选举审核委员会由一名主席和六名委员组成。主席应是现任或前任终身法官，可以为非议会议员。委员的选举应在每次普通选举的结果确定后立即进行，并任职至该委员会的改选之时为止。主席的选举单独进行。

进一步的规定

第十三条 有关第一条第三段和第二至第十二条所涉及事务以及议会代替人任命的进一步规定，由《议会法》和其他法律做出。

第四章 议会的运作

议会年会

第一条 议会年会每年召开。除议会或议长出于议会自由或安全的考虑另作决定外，议会年会在斯德哥尔摩举行。

议　长

第二条 每届议会应从其议员中选出议长一人及第一、第二、第三副议长各一人。

议会委员会

第三条 议会依照议会法的规定从议员中选举产生各种议会常设委员会，其中包括一个宪法委员会和一个财政委员会。

提出议案权利

第四条 除本政府组织法另有规定外，依据议会法的规定，政府及议会每个议员都有就应由议会决定的事项提出议案的权利。

预案准备

第五条 除本政府组织法另有规定外，任何由政府或由任一议员提出的议案事务都应由一常设委员会准备解决预案。

事务决案

第六条 依据议会法的具体规则，对于提交议会决定的任何事项，任何议会成员及内阁成员均有权发表意见。

有关取消资格的依据也由议会法规定。

第七条 议会表决时，除本政府法另有规定或涉及议会法主要规定中与议会程序有关的事项外，获得半数以上投票支持的意见成为议会决议。关于在票数相等情况下应遵循的程序，由议会法予以规定。

后续行动和评估

第八条 每个常设委员会就该委员会所涉及领域事务的议会决案采取后续行动和进行评估。

议会的开放性

第九条 议会会议对公众开放。但具体会议可以依据议会法的有关规则非公开举行。

议员的合法地位

第十条 议员或议员代替人可以在履行其议员职责的同时兼任任何公职或其他类似职务。

第十一条 未经议会同意，议员或其代替人不得辞职。

选举审核委员会在认为有根据时，可以根据委员会的动议审查某一议员或代替议员是否具有第三章第四条第二段所规定的资格。凡被宣布为不合法定资格者，应即免去其议员或代替议员的职务。

除本条第二段所说情况外，只有当议员或代替议员因刑事犯罪显系不适宜担任议员职务时，方可免除其职。此类效力的决定应由法院做出。

第十二条 非经议会以出席议员的六分之五以上多数票决议许可，任何现任或曾任议员不因其履行议员职务时的言论或行动而被提起法律诉讼。

除非得到议会的许可，此类个人也不得因其在履行职务期间的行为或言论而被剥夺自由，或限制在国内旅行。

在任议员被怀疑有犯罪行为，只有在其本人承认有罪，或在犯罪现场被捕获，或该犯法行为至少应判处两年以上监禁的情形下，才能适用相关法律规定对其实施拘留、逮捕或监禁。

第十三条 议员在担任议会议长或者政府部长期间，应由代替议员履行其议员职务。议会可在议会法中规定：在议员离职休假期间，应由代替议员接替其职。

本章第十条和第十二条第一段的规定也适用于议长及其职务行为。

有关议员的规定应同样适用于履行议员职务的代替议员。

进一步的规定

第十四条 有关议会活动的其他细则由议会法规定。

第五章 国家元首

第一条 第一章第五条表示：依据王位继承法在位的瑞典国王或女王为国家元首。

第二条 只有年满十八周岁的瑞典公民方可担任国家元首。国家元首不得同时兼任政府部长、议会议长或议员。

第三条 国家元首应通过首相随时了解王国的事务。必要时政府内阁会议由国家元首主持召集。

国家元首在出国旅行前应征询首相的意见。

第四条 如果作为国家元首的国王或女王不能履行其职，应由有继承权并有履职能力的王室成员按照排位顺序以临时摄政王（Regent ad interim）的身份履行国家元首的指责。

第五条 如果王室无合法继承人，议会应在做出进一步抉择前推举一名摄政王履行国家元首的职责，并同时推举一名副摄政王。

作为国家元首的国王或女王逝世或者退位而王位继承人尚未满十八周岁时，上述规定同样适用。

第六条 如果作为国家元首的国王或女王连续六个月不能履行或者没有履行其职责，政府应向议会报告。议会应决定是否应令该国王或女王退位。

第七条 如无按照本章第四条或第五条规定的适任人选，议会可以指定一人由政府任命为临时摄政。

如无其他适任人选，由政府任命议长为临时摄政，议长不在则由一名副议长担任。

第八条 作为国家元首的国王或女王不因其行为而受起诉，作为国家元首的摄政也不因其行为而被起诉。

第六章 政 府

政府的构成

第一条 政府由首相和其他部长组成。

首相按照本章第四条和第六条的规定任命。其他部长由首相任命。

第二条 部长必须是瑞典公民。部长不能兼任他职，也不能担任或从事可能有损于公众对其信任的任务或活动。

选举后投票选举首相

第三条 新选举出的议会应在召集后的两周内通过投票决定首相是否得到议会内的足够支持。如果一半以上的议员投否定票，首相应被解除职务。如果首相已被解除职务，不再举行投票。

政府的组成

第四条 在任命首相前，议长应召集各议会党团的代表进行协商，并在同副议长进行磋商后向议会提出提名案。

议会至迟应于该提名案提出后的四天内投票表决，无须经常设委员会事先讨论。如果半数以上议员投反对票，该提名案即被否决。否则提名案即为通过。

第五条 如果议会否决议长的提名，即应重新进行第四条所规定的程序。如果议会四次否决议长的提名，该任命首相程序即被放弃，并只有在议会重新选举后再召集进行。除非定期的正常选举定于三个月内进行，则必须在三个月内举行特别选举。

第六条 在议会通过对新首相的提案后，新首相应尽快将部长提名名单呈报议会。政府改组应在随后举行的由国家元首主持——如国家元首因故不能出席，由议长主持——的内阁会议（Council of State）上进行。此类内阁会议通常应邀请议长出席。

议长代表议会向首相颁发任命书。

首相或部长的罢免

第七条 如果议会宣布首相或其某位政府成员不再受议会信任，议长应即免除相关部长的职务。但是，如果政府能够在议会宣布不信任后的一星期之内下令举行议会的特别选举，则该部长将不得被免职。

关于对大选后投票产生的首相予以免职的规定见本章第三条。

第八条 如果某位部长本人提请辞职，应予免职。首相的免职由议长做出，部长的免职由首相做出。首相也有权在其他情形下解除任何部长的职务。

第九条 如果首相辞职或者死亡，议长应解除全体部长的职务。

代理首相

第十条 首相可以从其他部长中任命一位在他缺席时代理其职。如果没有任命代理人，或他或她也不能履行首相职责，则由现政府部长中任职最长的一位履行这些职责。如果有两位或更多的部长任职时间相同，则其中的年长者优先。

看守政府

第十一条 如果全体政府部长被解职，他们应继续留任至新内阁就职时为止。如果除首相外的任一部长因本人请求而被解职，应首相的要求，该部长应继续留任至继任者就职时为止。

议长缺席

第十二条 议长缺席时，由一名副议长履行本章所规定的议长职责。

第七章 政府事务

政府办公室及其职责

第一条 设立政府办公室（Government Offices）负责政府事务的准备及协助政府和部长履行职责。政府办公室由不同活动领域的部组成。政府确定各部之间的分工。首相从部长中任命各部首脑。

事务准备

第二条 在审议政府事务时，应从相关公共机构获取必要的信息和意见。必要时应征询地方当局的意见。也应给社团或个人提供表达其观点的机会。

第三条 政府事务由政府在政府会议（Government Meetings）上决定。但在法律规定范围内并在首相的监督下，依国防条例或特别的政府决定而执行的政府事务可以由相关部门首脑决定。

第四条 首相负责召集部长举行并主持政府会议。出席政府会议的部长人数不得少于五人。

第五条 在政府会议上，各部的首脑应就其主管部门事务提出报告。但首相可以指定由一个非主管部门首脑的部长就一个特定部门的一项或多项事务提出报告。

会议记录和异议

第六条 政府会议的记录应予保存。任何不同意见均应列入会议记录。

第七条 法律条文、提交议会的提案以及其他需紧急处理的政府决议只有经首相或有关部长代表政府签署方可生效。但政府可以法令形式规定：在特殊情况下，非部长官员可以签署需紧急处理的决议。

第八章 法律及法规

第一条 法律法规由议会根据法律和由政府根据条例制定。

议会或政府可以授权政府及地方权力机构之外的其他权力机构制定法规。制定法规的机构应是法律或条例明确规定的。

第二条 涉及以下关系的条款均应由法律加以规定：

1. 有关公民的个人法律地位或其相互之间的人身关系和经济关系；

2. 公民个人与有关公共机构之间的关系，它们涉及个人应尽的义务或对个人的私事、经济境遇的侵犯；

3. 管理地方机构和地方税务的组织及工作程序的原则，以及地方机构在其他方面的权限和职责；

4. 瑞典教会作为一个宗教社团所基于的宗教责任和原则；

5. 有关在全国举行咨询性公民投票以及就某基本法事项举行全民公投的程序事宜；

6. 欧洲议会的选举。

一定内容的条款由法律加以规定，这也是本政府组织法以及其他基本法的规则要求。

政府通过的法规

第三条 议会可以授权政府根据上述第二条第一段，第2、3款制定法规，但不包括以下规定：

1. 对违法行为施行的除罚款以外的法律后果；

2. 关于关税以外的纳税规定；或

3. 有关破产及强制执行的规定。

针对犯罪行为，除按照政府根据第一段的法律授权以政令形式所制定法规对其施行罚款以外的其他法律后果，可由议会做出规定。

第四条 议会可以授权政府根据上述第二条第1至第3款制定关于准许暂缓履行职责的条例。

第五条 议会可以根据法律授权政府以政令形式制定以下条例：

1. 一项法律何时实行；

2. 法律的部分条款应该何时实行或终止；

3. 有关他国法律或政府间组织法律的适用规定。

第六条 如果议会做出决定，政府根据本政府组织法授权制定的条规应根据议会的要求提交议会审批。

第七条 除第三至第五条外，政府可以制定：

1. 有关法律执行的条例；

2. 不需要由议会根据基本法制定的条例。

政府不能根据第一段制定有关议会或议会权限的条例，也不能根据第一段第2款制定关于地方税收的条例。

第八条 政府在特定事务中制定条例的权力并不妨碍议会在同一事务

中制定法律条文的权力。

议会和政府外机构制定的法规

第九条 根据本章第二条议会可以授权一地方权力机构制定涉及以下事项的条例：

1. 收费；
2. 用于改善地方交通环境的税收。

第十条 议会在根据本章规定授权政府制定某一特定事务方面的条例之时，也可以授权政府将在该事务中制定条例的权力委托给一个行政管理机构或一个地方机构。

第十一条 政府可以授权政府或议会的某个机构制定第七条所示的条例。但向某议会机构的此种授权不与议会或其机构的内部事务相关。

第十二条 如果政府做出决定，政府机构根据第十或十一条的授权制定的条例应提交政府审核。

第十三条 议会可依法令指示瑞典银行在第九章所示的其权限内制定与其促进安全有效的支付体系义务相关的条例。议会可以授权其下的一个机构制定与议会或其权力相关的内部事务的条例。

基本法和议会法的通过

第十四条 基本法以两个相同措辞的决议方式通过。根据第一个决议，要求通过基本法的提案被批准搁置。只有在第一个决议之后举行全国大选并在新选举出的议会召集之时，才能做出第二个决议。从将该事务第一次向议会大会提出到选举日，至少有九个月的时间，除非宪法委员会批准可例外。此决议要在不迟于该委员会召开之前做出，并需至少六分之五成员投票赞成。

第十五条 对一项要求通过基本法的提案，议会可因其与任何其他有关基本法并正处于搁置状态的提案冲突而做出不予选举期搁置的决议，除非它同时否决了已被通过的提案。

第十六条　如经十分之一以上成员提出动议并得到三分之一以上成员投票支持，需对处于选举期搁置状态的有关基本法的提案进行全民公决。此类动议需在议会通过搁置提案之日起的十五天内提出。该动议不应被视为委员会的准备活动。全民公决应与第十四条所示选举同时进行。

全民公决中，所有有资格参加选举投票的公民都有资格表示是否接受正处于搁置状态的有关基本法的提案。如果参与全民公决投票的多数反对，以及如果投票反对该提案的数量超过本次选举中有效登记选民半数，该提案即被否决。否则，该提案将提交议会作最后决定。

第十七条　《议会法》如本章第十四条第一至三句及第十五条所规定通过。它也可以单一决议的方式通过，只要四分之三以上的投票以及议会投票中一半以上成员支持该决议。

但《议会法》补充条款以与普通法相同方式通过。本条第一段的规定也适用于根据本章第二条第一段第4款通过的法律条令。

法律的修改或废止

第十八条　除按法令进行，不得修改或废止任何法律。第十四—十七条慎重适应于基本法或《议会法》的修改或废止。在根据第二条第4款修改或废止一项法律条例时，第十七条第一段适用。

条例的发布与发表

第十九条　一项被通过的法律应尽快由政府发布。但一项涉及议会或议会权力机构内容而又不能纳入到基本法或《议会法》中的法令可由议会发布。法律应尽快发表。除另有法律规定外，本条适用于政府条例。

立法会议

第二十条　设立法会议（Council on Legislation）以表达对立法草案的态度，立法会议由最高法院和最高行政法院的法官或（如果需要的话）前法官组成。有关立法会议的组成及工作程序的更为详细的规则由法律规定。

第二十一条 政府或根据《议会法》的细则议会的某个委员会应获得立法会议的意见。应在议会做出下列决定之前获得立法会议的意见：

1. 有关新闻自由或相关形式——包括音像、电视和一些类似传媒、来自数据库和技术录制品的公开演出——的表达自由的基本法；
2. 限制获取官方文件权利的法令；
3. 第二章第十四—十六条、第二十条或第二十五条中的某项法律；
4. 有关个人数据的完全或部分自动处理的法令；
5. 有关地方税收的法令或涉及地方权力机构责任的法令；
6. 关于本章第二条第1款或第2款的条令，或第十一章或第十二章的条令；
7. 对本章第一—六条的法令进行修改或废止的条令。

但如果立法会议的审查对所讨论事务的意义不大，或会导致致使相关立法严重受影响的延迟，则不适用于本条第二段的条款。

如政府向议会提出建议，要求通过本条第二段所涉事务中的法令，而并未事先咨询立法会议的意见，政府应同时向议会说明省略该程序的原因。未获得立法会议对某项法律草案的意见并不妨碍该法律的适用。立法会议应审核：

1. 该法律草案与基本法及一般法律体系的关系；
2. 该法律草案各条款之间的相互关系；
3. 该法律草案与相关法律规定的关系；
4. 该法律草案是否精心构思以使所定条例能够达到提出该法律的预期目的；
5. 适用该法律可能引起的各种问题。

第九章 财政权力

决定国家收入和开支

第一条 议会决定税收和国家应收费用，批准国家预算。

起草国民预算

第二条 政府向议会提交预算案。

决定国民预算

第三条 议会批准下一年度,或者由于特别原因授权的其他时段的国家预算。为此,议会确定国家岁入的估值及特定项目的拨款。

议会可以决定预算周期以外某个时间段的特别拨款。议会可以决定以拨款外的其他形式将国家收入用于特别目的。

第四条 在预算执行期间,议会可以决定复核其国家收支评估,改变已批准的拨款,或批准新的拨款。

第五条 如果国家预算在预算周期开始时未能通过,议会按照要求拨款直至预算通过。议会可以授权财政委员会代表议会做出该决定。

如果在第一段情形下议会未能批准特别拨款,将适用最近一个的国民预算及与议会其他决定相一致的修正案,直至这些拨款被批准。

指导性原则的决定

第六条 议会可以决定政府活动的指导性原则,也包括下一个预算期以外时段的。

拨款和收入的使用

第七条 不得以未经议会批准的方式使用拨款和收入。

国家财产和责任

第八条 非属议会认定管理或非属法律规定由特别行政机构管理之国家财产均由政府处置和管理。

非经议会授权,政府不得以国家之名接受贷款或承担其他财政责任。

第九条 议会决定国家财产的管理和处置原则。议会还可决定，不得采用未经其认可的特别性质的措施。

政府年度报告

第十条 预算周期结束后，政府向议会提交政府年度报告。

有关国家预算的进一步规则

第十一条 有关议会和政府在国家预算方面的权限和责任的进一步规则由《议会法》和单独立法予以规定。

货币政策

第十二条 政府对一般货币政策事务负责。有关货币政策的其他规则由法律规定。

瑞典银行

第十三条 瑞典银行是瑞典王国的中央银行和议会的一个权力机构。瑞典银行负责货币政策。任何公共机构不得决定瑞典银行在货币政策方面的决策。

瑞典银行设总理事会（General Council），它由十一名由议会选举产生的成员组成。瑞典银行在由总理事会任命的执行委员会（Executive Board）指导下工作。

议会负责审核是否赋予总理事会及执行委员会成员的免责权。如果议会拒绝某个总理事会成员的免责权，他或她即因此而被中止其任命。总理事会只能因为一名执行委员会成员不再能够履行其职责或有重大过失而解除其职。

有关总理事会的选举以及瑞典银行的管理和活动的条例由法律规定。

第十四条 瑞典银行独自拥有发行货币的权力。有关货币和支付体制的进一步条款由法律规定。

第十章 国际关系

政府缔结国际协定的权力

第一条 与他国或与国际组织的协定由政府缔结。

第二条 在某项国际协定事务并不要求议会或外交事务咨询委员会（Advisory Council on Foreign Affairs）参与情形下，政府可指示一行政权力机构缔结该协定。

议会批准国际协定

第三条 政府在缔结一项对瑞典王国有以下约束力的国际协定之前，应得到议会的批准：

1. 如该协定要求修改或废止一项法令或通过一项新的法令；
2. 如其涉及要由议会决定的事务。

在第一段第1或第2款情形下，如对议会的决议有特别的程序要求，则同样的程序要求适用于批准协定。

在第一段所示之外的其他情形下，如所签订国际协定十分重要，政府在缔结该协定之前也应得到议会的批准。但如果瑞典王国的利益要求如此的话，政府可以不经议会批准而行动。在此情形下，政府应在缔结条约之前与外交事务咨询委员会协商。

第四条 议会可以根据第三条批准一项包括在欧盟合作框架协定之中的国际协定，即使该协定在最后定稿中并不存在。

其他国际义务及协定废止

第五条 本章第一——四条所定规则以类似方式适用于瑞典王国以非协定方式承诺的国际义务，并适用于中止一项国际协定或义务。

欧盟合作框架中的决策权力转移

第六条 在欧盟合作框架中，议会可以转移不会影响瑞典的治理基本原则的决策权力。这种转移假定，保护与该权力转移相关的合作领域中的权利和自由与本政府组织法以及欧洲人权和基本自由协定所承诺的是一致的。

议会可以批准一项权力转移，只要四分之三以上的投票者以及议会半数成员投票支持该决定。议会的决定也可采取与批准基本法规定程序一致的程序。这种转移决定不得在议会按照第三条批准协定之前做出。

欧盟合作框架之外的决策权力的转移

第七条 在本章第六条之外的情形下，直接基于本政府组织法并与一些制定的法规相关的决策权力，包括国家财产的利用、与司法和行政功能相连的任务，或国际协定的缔结或废止或义务，可以在有限的范围内转移给一个瑞典作为其成员或即将成为其成员的和平合作国际组织或一个国际法庭。

有关基本法、《议会法》或议会选举法律的批准、修改或废止，或与第二章所述权利和自由的限制有关的决策权力不得根据本条第一段转移。

议会在此类转移事务上的决定依第六条第二段所定程序做出。

第八条 在本章第六条之外情形下的任何非直接基于本政府组织法的司法或行政功能可以根据议会的决定转移给他国、国际组织、外国机构或国际机构或共同体。在特殊情况下，议会可以授权政府或其他法律认可的公共机构批准此类功能的转移。

国际协定的未来修改

第九条 如法律规定一项国际协定视同瑞典法律一样有效，议会可以规定对该协定的任何修改——它也对瑞典王国有约束力——亦将如同瑞典法律具有法律效力。此类决定只限于未来的有限修改。该决定按照与本章第六条第二段所规定程序一致的程序进行。

议会对欧盟合作的知情和咨询权利

第十条 政府应就欧盟合作框架的发展保持向议会通告并向议会任命的机构咨询。有关知情和咨询义务的更为详细的规则由《议会法》制定。

外交事务咨询委员会

第十一条 政府应就事关瑞典王国的重大外交事务问题向外交事务委员会通告并向其咨询，并就这些事务的必要性与其协商。在所有重大外交政策问题中，政府应在决策前尽可能与该委员会协商。

第十二条 外交事务咨询委员会由议长和九名其他由议会从其成员中选举出的成员组成。有关该委员会的更为详细的规则由《议会法》制定。

外交事务咨询委员会会议由政府召集。如至少四名咨询委员会成员就某一特别事务提出咨询要求，政府必须召集咨询会议。咨询委员会会议由国家元首主持，在其缺席情况下，由首相主持。

外交事务咨询委员会成员及其他与该委员会有关人员应在其能力范围内谨慎运用所知悉的其他事务的知识。委员会会议的主持者应规定无条件遵循保密义务。

国家权力机关提供信息的义务

第十三条 负责外交事务的部门首脑应随时知悉其他国家权力部门发生的与他国或国际组织有重要关系之事务。

第十四条 第二章第七条、第四章第十二条、第五章第八条、第十一章第八条和第十三章第三条所规定条款不妨碍瑞典充分履行其对国际刑事法院罗马规约之承诺或与其他国际法院的关系。

第十一章 司法管理

法 院

第一条 最高法院、上诉法院和地方法院是普通审判法院,最高行政法院、行政上诉法院和行政法庭属普通行政法院。最高法院、最高行政法院、上诉法院或行政上诉法院审理案件的权利会受到法律的限制。其他法庭按照相应的法律建立。第二章第十一条第一段规定了禁止开庭的条款。

只有现任或曾任终身法官者才能司任最高法院或最高行政法院成员。终身法官在其他法院任职(permanent salaried judges serve at other courts)。但有关在审理特别集团或特别案例集团中的法庭组成的例外规则可由法律规定。

第二条 有关本政府组织法所规定情形之外的法庭司法任务的规则、其组织特征以及立法程序由相关法律规定。

司法独立

第三条 议会和公共权力机构均不得决定法庭如何判决一个案例,或将法律规则适用于一个特别案例。任何其他公共权力机构也不得决定各法官之间的司法责任的分配。

第四条 除基本法或《议会法》有规定外,议会不得履行任何司法功能。

第五条 除遵循法律规定外,个人之间的法律争议不由法院之外的权力机构决定。

终身法官的任命

第六条 终身法官由政府任命。

在做出任命决定时,只考虑客观因素和胜任能力。有关终身法官的任命程序由法律规定。

终身法官的法律地位

第七条 被任命为终身法官的个人只有在下列情形下才能被解职：

1. 显露出违法行为，或卑劣地或一再无视其官方义务以致明显不适应履行其职务；

2. 到应退休年龄，或因长时间失去工作能力根据法律必须离职。

第八条 针对任命最高法院或最高行政法院成员过程中的错误行为的法律程序由最高法院制定。

最高行政法院审查某位最高法院成员是否应被开除或停职或进行医疗检查。如果此类程序涉及一位最高行政法院成员，该事务由最高法院审核。本条第一和第二段的程序由议会监察长或司法部长启动。

第九条 如果一位终身法官被根据某个非法院的公共权力机关的决定而免职，他或她可以要求该决定接受某个法院的审核。承担此类审核的法院应包括一名终身法官。如果决定是在终身法官已被停职并被要求接受医疗检查或接受纪律处分情形下做出的，适用同样的程序。

第十条 有关终身法官在其他方面的法律地位的基本条款由法律规定。

公民身份要求

第十一条 只有瑞典公民可以任终身法官。在其他情形下，只有在法律明确规定，或与一些法律规定的条件一致的前提下，才能以瑞典国籍要求作为任职司法工作的资格前提。

法院的其他雇员

第十二条 第十二章第五—七条适用于法院其他雇员。

结案的重审和失效后的恢复实施

第十三条 已结案件的重审和失效后的恢复实施（restoration of lapsed time）由最高行政法院授权，或者如果在案件所涉及事务方面政府、某个行政法院或某个行政权力机构为最高诉讼审级,在法律规定情形下可由某个低级的行政法院授权。在所有其他情形下,已结案件的重审或失效后的恢复均由最高法院授权,或在法律规定的情形下,由另一个非行政法院的法院授权。

有关已结案件重审和失效后的恢复的更为详细的规定由法律规定。

司法审查

第十四条 如果一个法院发现某个法规与基本法的规则或与其他更高层级的法规冲突,该法规不应被适用。如果一项法律规定的程序在重大方面已与该法规制定时的设定不符,则适用同样的原则。

在根据第一段对某项法律条例进行审查时,必须特别注意议会是人民的最主要代表、基本法高于其他法的事实。

第十二章 行政管理

国家行政管理组织

第一条 司法部长和其他国家行政机关受政府管辖,除非根据本政府组织法或根据其他法律,他们要接受议会授权。

行政独立

第二条 任何公共权力机构,包括议会或任何地方权力决策机构,都不得决定行政机构在面对个人或地方权力机构时的公共权力运用,以及在法律运用方面应如何决策。

第三条 除非根据基本法或根据议会法规定,议会不得行使任何行政功能。

行政功能的委托

第四条 政府的行政管理功能可以委托给地方权力机构。

行政功能可以委托给其他合法机构或个人。如果该功能涉及公共权力的运用，它只能按照法律规定委托。

国家雇员的特别规定

第五条 政府管辖的行政机构的职务任命由政府做出，或由政府委托的某个公共权力机关做出。

当做出国家行政机构的任命时，只应考虑诸如品德和能力之类的客观因素。

第六条 只有瑞典公民可以任职议会督察专员（Parliamentary Ombudsman）或审计长。这也适用于司法部长。在其他情形下，只有法律明确支持或与相关法律制定的条件一致的前提下，才可规定以瑞典国籍作为任职国家或地方权力机构职位的资格前提条件。

第七条 本政府组织法规定之外的有关国家雇员法律地位的基本规则由相关法律制定。

特许和从宽

第八条 政府可以批准法令豁免，或政府决定条例的豁免，除非法律条文作了明确规定或涉及预算拨款决定。

第九条 政府可以利用从宽原则，免除或减轻对某一违法行为的刑事处罚或其他法律影响，免除或减轻任何其他类似的由公共权力机构行使的对个人或个人财产的干预。

在出现异议的情况下，政府可以决定对某一违法行为不再调查或起诉。

司法审查

第十条 如一公共机构发现一条款与基本法或其他高层级法规的某一规则冲突，或发现法律规定的程序在重大方面已与该法规制定时的设定不符，该条款将不再适用。

在根据第一段对某项法律条例进行审查时,必须特别注意议会是人民的最主要代表、基本法高于其他法的事实。

第十三章 议会控制

宪法委员会的审查

第一条 宪法委员会审查部长履行职责和处理政府事务的表现。为了其审查,委员会有权利查看政府相关的决策记录和相关的文件,以及其他一些该委员会认为属于审查必要的文件。

另一个议会委员会或某个议会成员有资格以书面形式向宪法委员会提出任何与部长的履职表现或与处理政府事务有关的事务问题。

第二条 宪法委员会经授权、但每年至少一次就其在审查中所发现的任何值得关注的问题向议会通报情况。议会应就此向政府做出正式报告。

对部长的起诉

第三条 现任或曾任部长只有在其履行职务期间由于刑事行为而严重渎职的情况下,才会被裁定——但只是对其刑事行为——承担责任。启动刑事程序的决定由宪法委员会做出,案件由最高法院审理。

宣布不信任

第四条 议会可以宣布一位部长不再受信任。要求宣布此类不信任的动议只有至少议会十分之一成员提出才能受理。宣布不信任案要得到议会一半以上成员的投票支持才能被通过。

如果一项要求宣布不信任的动议是在举行正常选举之日或宣布举行特别选举决定之日与该选举中新选举出的议会召集之日之间提出,该动议不予受理。一项针对一位根据第六章第十一条已被正式解职但仍处于留守状态的部长提出的动议在任何情况下都不予受理。

要求宣布不信任案的动议不由常设委员会准备。

质询和询问

第五条 任何议会成员可根据《议会法》的详细规定就一位部长履行义务的表现提出质询或询问。

第六条 议会选举一位或多位议会督察专员,他们负责依据议会拟定的相关法律条款,对公共活动中法律的应用及其他规范行动进行监督。一位调查官可以根据相关条款启动法律程序。

法院、行政权力机构以及中央或地方政府雇员应据调查官的要求向其提供相应的信息和意见。其他接受调查官监督的个人有类似的义务。一位调查官有权查看法院和行政权力机关的记录和其他文件。公共起诉人应调查官的要求应予以协助。有关调查官的更为详细的规则由《议会法》和其他法律制定。

国家审计办公室

第七条 国家审计办公室属于议会的一个权力机构,其功能是审查政府的活动。国家审计办公室的审计可以延伸到政府的其他活动,有关的规则由法律规定。

第八条 国家审计办公室在三个总审计长的指导下工作,总审计长由议会选举产生。议会只有在总审计长不再能够履行其职责,或犯有重大过失的情形下才能解除其职务。

总审计长在尊重有关法律规则的条件下独立决定审计活动。他们分别并独立决定其审计如何进行、在自己审计的基础上得出自己的结论。

第九条 有关国家审计办公室的进一步的条款有《议会法》及其他法律条文规定。

第十四章 地方权力机关

第一条 瑞典设市政局和省政务会。这些地方权力机关的决策权力由选举产生的代表大会行使。

第二条 地方权力机关根据地方自治的原则负责地方和地区的公共利益事务。这方面更为详细的规则由法律规定。基于同样的原则，地方权力机关还对法律规定的其他事务负责。

第三条 对地方自治的任何限制都不能超过达到该限制目的所必须的范围。

第四条 地方权力机关可为其管理事务征税。

第五条 按照法律，如系实现平等财政基础所必需，地方权力机关须分担由其他地方权力机关所发生的费用。

第六条 有关地方权力机关内部领域划分变更基础的规则由法律制定。

第十五章 战争与战争危险

召集议会

第一条 如果瑞典王国发现自己处于战争状态或面临战争危险，政府或议长应召集议会会议。会议——无论谁发出的通告——可以决定议会可以在斯德哥尔摩之外的其他地方召开。

战争代表团

第二条 如果瑞典王国处于战争状态或面临战争危险，如情势需要，一个从议会成员中任命的战争代表团将取代议会。

如王国处于战争状态，命令战争代表团取代议会的决定将由外交事务咨询委员会的一个成员根据《议会法》的详细规则宣布。如果可能，决定宣布之前应咨询首相意见。如果战争环境使得该委员会无法召集会议，该决定由政府宣布。如果王国面临战争危险，上述决定由外交事务咨询委员会成员和首相共同宣布。该决定要求首相和六个外交事务咨询委员会成员的投票支持方为有效。

战争代表团和政府可以联合或单独决定议会恢复其权力。一旦情势可能该决定即应做出。

有关战争代表团的构成由《议会法》规定。

第三条 在战争代表团代替议会活动期间，它履行议会的权力。但它不能做出本章第十一条第一段第二句或第二至四段的决定。

战争代表团决定自己的工作程序。

组成政府和决定其工作程序

第四条 如果瑞典王国处于战争状态，而且作为其结果政府不能履行其义务，议会可以决定组成一个政府并决定其工作程序。

政府权力

第五条 如果瑞典王国处于战争状态，而且作为其结果议会或战争代表团均不能履行其职责，政府将设定其拥有保护瑞典王国并结束敌对状态所必要之权力。

第一段并不意味授权政府制定、修改或废止基本法、《议会法》或选举议会的法律。

第六条 如果瑞典王国处于战争状态或面临战争危险，或如果由于瑞典面临的战争或战争危险而致使此种意外情势占据优势，政府可以根据法律授权，以条例的形式通过特定事项法规，这些法规按照基本法规则是需要由法律条例规定的。如出于国防准备的必要，在法律授权下，政府可以以条例的形式决定实施或者停止适用任何法律规定的有关征用或其他此类处置。

在授予此类权力的法律中，对引发此类授权的条件要做严格规定。此类权力并不意味赋予政府制定、修改或废止基本法、《议会法》或选举议会的法律。

权利和自由的限制

第七条 如果瑞典王国处于战争状态或面临即刻的战争危险，第二章第二十二条第一段的规定将不再适用。在任何战争代表团代替议会活动的情形下，亦同样如此。

议会之外的公共权力机关的权力

第八条 如果瑞典王国处于战争状态或面临即刻的战争危险，政府根据议会的授权，可以决定一项按照基本法本由政府执行的任务转由另一公共权力机关执行。此类权力不能延伸至本章第五条或第六条所言的任何权力，除非此事务仅只是与一项决定有关，即涉及一特别事务的法律将开始生效。

被占领下的决策

第九条 在被占领土，无论议会还是政府都不能做出决策。任何归属于作为议会议员或政府部长的个人权力也不得在此类领土上运用。

在被占领领土上的任何公共团体应以最有利于国防努力和抵抗活动，以及保护公民和瑞典的普遍利益的方式行动。在任何情形下，公共团体都不得做出违背国际法强迫瑞典公民支持占领当局的决定或采取任何此种行动。

在被占领领土中不应举行议会选举或召开进行决策的地方代表大会。

国家元首

第十条 如果瑞典王国处于战争状态，国家元首应伴随政府。如在被占领领土或与政府分开，国家元首应被认为不能履行其作为国家元首的职责。

议会选举

第十一条 如果瑞典王国处于战争状态，只有在议会做出此决定的情形下才能举行议会选举。如果在正常选举预定举行之时瑞典面临战争危险，议会可以决定推迟选举。此决定要在一年内并在此后每次不超过一年内做出审核。本段所言的此决定只有至少获得四分之三的议会成员投票支持方为有效。

如果在即将举行选举期间瑞典王国的任何部分被占领，议会将批准对第三章所制定规则的任何必要的修改。但不得有对第三章第一、四、五、七—九或十二条的例外。在第三章第五条、第七条第二段或第八条第二段中所提及的瑞典王国都将只是指选举即将举行的瑞典王国部分。至少总席位数的十分之一要做席位调整。

在战争结束或战争危险过去后，由于第一段所述结果而未能在规定时间内举行的正常选举应尽快举行。政府和议会——单独或分别地——应确保采取必要的步骤。

如果由于本条所述情形，一次正常选举在正常预定选举时间之外的某个时间举行，议会应确定按照《议会法》本次原预定正常选举之日后的第四或第五年的当月为下一次正常选举的时间。

地方权力机关的决策权

第十二条 如果瑞典王国处于战争状态或面临战争危险，或者如果由于战争或瑞典王国所面临战争危险而致使此种例外情势占优，地方权力机关的决策权力应按法律规定的执行。

瑞典王国的国防

第十三条 政府可以遵循国际法动用瑞典武装力量抗击针对瑞典王国的攻击或防止对其领土的侵犯。

在和平时期以及在与外国交战时期，政府可命令武装部队遵循国际法使用其力量，防止对瑞典领土的入侵。

宣　战

第十四条 除瑞典受到武装攻击外，未经议会许可，政府不得宣布战争。

停 战

第十五条 如果延缓签订停战协定会使瑞典王国面临危险,政府可以未经议会批准或未咨询外交事务顾问委员会的意见即签订停战协定。

武装力量的运用

第十六条 政府可以为履行经议会批准认可的国际义务派武装力量前往他国或以其他方式动用武装力量。在下列情形下,瑞典武装力量也可派往他国或被动用:

1. 法律条例允许的确定了此类行动条件的行动;
2. 议会允许在特定条件下的此类行动。

(原文出自:http://www.riksdagen.se/en/How-the-Riksdag-works/Democracy/The-Constitution/The-Instrument-of-Government/。)

(林德山 译)

议会法①

第一章 条款介绍

第一条 本条包含了新版的议会条例。

关于议会的选举、议会的运行以及议会的任务由《政府组织法》规定。

本法分主要条款和补充条款。有关《议会法》条款的颁布和修改由《政府组织法》第八章第十七条规定。

第二条 《议会法》包括十四章。它们是：

条款介绍（第一章）；

议会选举（第二章）；

议会会期（第三章）；

议会工作的指导和计划（第四章）；

议会成员（第五章）；

议会会议（第六章）；

议会常设委员会和欧盟事务委员会（第七章）；

对部长的质询与询问（第八章）；

提议议案（第九章）；

议案的处理（第十章）；

---

① 本法为瑞典议会2014年最新的议会法，2014年9月1日施行。它取代了1974年的议会法。本译文根据瑞典国家议会网站提供的该法英文版翻译。

议案的表决（第十一章）；

议会的选举（第十二章）；

议会机构和委员会（第十三章）；

议会行政署（第十四章）；

第三条 以下列示的为一些术语在本法中的定义：

选举有效期（electoral period）：从新选举出的议会召集之时到下一次选举后新选举出的议会召集之日；

议会会期（Riksdag session）：议会开会的时期；

出席议会会议的最资深议员：如果两个或两个以上的成员在议会服务的时间相同，他们中的最年长者占先；

党团领袖（group leader）：一个在议会选举中获得4%以上选票的政党任命的一个特别代表，负责根据本议会法与议长协商；

全体会议（plenary meeting）：议会大会的一种，会上要对常设委员会的报告和陈述进行审议和表决。

第二章 议会选举

第一条 本章包括议会选举条款。

第二条 议会正常选举在9月份举行。

补充条款2.2.1

有关特别选举时间的规定由《政府组织法》第三章第十一条和第六章第五条予以规定。

第三条 有关议会选举的进一步的条款由《政府组织法》和法律规定。

第三章 议会会期

本章内容

第一条 本章包括以下条款：

——一次议会选举后的会期（第二—五条）；

——有关会期的其他条款（第七—九条）。

议会会期的开始

第二条 新选举出的议会根据《政府组织法》第三章第十条的规定召集会议。

补充条款 3.2.1

议会第一次会议应在上午十一时开始。议员应被告知会议时间。

第三条 新选举出的议会会议第一次会议将按以下议程顺序进行：

1. 选举审核委员会提出关于议员及代替议员的委任审查报告；
2. 议员点名；
3. 选举产生选举有效期内的议长及第一、第二和第三副议长；
4. 任命选举有效期内的提名委员会（Nominations Committee）。

补充条款 3.3.1

在议长及副议长选举产生之前，由出席议会会议的最资深议员主持会议。

议长的选举

第四条 根据《政府组织法》第四章第二条，议会选举一名议长及第一、第二和第三副议长。议长的选举单独进行。他们当选后的有效期为议会有效期。

如果议长的选举是以第十二章条款规定的秘密投票方式进行，获得半数以上选票者当选。如果未能产生多数，就要进行第二轮选举。如果本轮选举依然未有人获得半数以上选票，则要进行第三轮选举。第三轮选举在第二轮选举中得票最多的前两位之间投票，得票最多者当选。

提名委员会的任命程序

第五条 每个在议会选举中获得4%以上选票的政党所对应的议会党

团在提名委员会中各有一个席位。另十个席位在相同的党团之间按比例分配。成员的任命是基于第十二章第十四条的程序。

补充条款 3.5.1

议长决定提名委员会中每个议会党团的成员人数，按第十二章第八条第三段的计算基础确定分配比例。

议会的开幕
议会开幕的特别会议

第六条 议会至迟应在会期第三天的一次特别会议上举行一届议会的正式开幕式。应议长的请求，国家元首宣布议会会议开幕。如果国家元首不能出席，由议长宣布会议开幕。

首相应在此次会议上提出政府政策报告，除非有特别的理由不能这么做。

补充条款 3.6.1

议会改选后的新一届议会的正式开幕式在议会会期第二天的下午二时进行。

在非选举年的议会开幕式在会期第一天的同样时间进行。

议长可以确定其他时间。

有关会期的其他条款

第七条 一次议会会期持续到下一次会期的开始。

第八条 在不举行议会换届选举的年份，议会年度新会期应在九月开始，具体日期由前一个年度会期内的议会会议确定。

补充条款 3.8.1

在第 8 条所述议会会议决定之前，由议长会议（Riksdag Board）向本次会议提出建议。

补充条款 3.8.2

议长也可以决定在选举有效期的其他会期的第一次大会会议上进行议

员点名。如果未予点名，在议会会期开始的会议记录上应附上包含所有议员的名单。

第九条　如果在规定的议会会期开始之前宣布了特别选举，只要特别选举产生的新的议会是在当年7月1日之前召集，新的会期按照第八条的规定开始。

第四章　议会工作的指导和计划

第一条　本章包括有关议会工作的指导和计划的条款。

议长和副议长

第二条　议长，或代行其职的副议长指导议会的工作。

议会党团领袖

第三条　依据本法第三章第五条，每个议会党团应任命一名特别代表（议会党团领袖）按照本法的规定就议会会议工作与议长商议。

议会党团应任命一人作为议会党团领袖替代人（议会党团副领袖）。

补充条款 4.3.1

任命决定做出后应告知其成员。议长决定做出后也应告知议员。

议会行政署

第四条　议会行政署由议长会议领导。

有关议会行政署任务的条款由本法第十四章规定。

议长会议

补充条款 4.4.1

议长会议指导议会行政署的工作，并讨论议会工作的组织。

议长会议由议长和另外十名成员组成，议长担任主席，其他成员由议会从本届议会的成员中任命。议会还要任命十位议长会议成员的代替人。

补充条款 4.4.2

议长会议应议长要求召集召开。如果议长不能出席会议,由一名副议长代其出任主席。某位成员缺席时,由同属于一个议会党团的代替代表出席。

议长会议秘密举行。如果议长会议需要向某个非议长会议成员了解情况,可以召集此人参加会议。

副议长、那些非议长会议成员的党团领袖以及议会秘书长可以参与议长会议的审议。

主席会议

第五条 主席会议讨论议会会议、议会常设委员会以及欧盟事务委员会等活动中共同关注的事务。

补充条款 4.5.1

主席会议由议长、议会常设委员会主席以及欧盟事务委员会主席组成,议长任主席。

第五章 议会成员

第一条 本章包括议会成员的授权条款。

有关议会成员授权的相关条款也由《政府组织法》第四章第十一—十三条规定。

报 酬

第二条 议员将获得出自公共资金的报酬。有关议员报酬和议员以及代替议员的经济条件的更为详细规定由法律规定。

补充条款 5.2.1

有关议员赞助和经济收益的登记事项的规定由有关议会议员赞助和经济收益的相关法令(1996:810)规定。

议员离职休假

第三条 可以准许议员离职休假。如果一位议员被批准休假一个月以上，在其休假期间应由代替议员履行其职责。

第四条 （议员）离职休假的申请由议长审批，但要受本条第二段的限制。

超过一个月、病假或育儿假之外原因的休假由议会审批。

但如果休假是在议会休会一个月以上期间，其休假申请由议长批准。

补充条款 5.4.1

议员的离职休假申请应以书面形式提出，应包括休假的理由并提出具体的时间。该申请应提交给议会行政署。

第五条 当一名代替人将代替议长，或任政府部长的议员，或被批准离职休假的议员时，议长应召集该代替议员就职。议长应遵循法律所规定的代替议员先后顺序召集就职。但是，如有特殊理由，议长可以不遵循这一规定顺序。

补充条款 5.5.1

行使议员职能的代替议员应在接到书面批准书后才能履职。批准书应注明所替代的议员以及任职的起讫日。任职终止日期通知书可以单独另发。

第六条 如果一位正在休假的议员辞职，正在代理该议员的代替人将继续履行其职，直至新的议员产生。

起诉或剥夺自由

第七条 在《政府组织法》第四章第十二条第一段所述情形下，不得启动针对一位议员的法律程序，未经议会同意，不得剥夺议员个人自由。同样的规定适用于前议员。

提请议会同意的申请应由一位起诉人，或任何其他希望启动法律程序的个人向议长提出。

如该申请理由不充分,不能作为议长考虑的基础,或如果该申请未能证明有资格提起诉讼或要求公共权力机构采取此类行动,议长可以拒绝申请。否则议长应将该事向议会会议通告。

补充条款 5.7.1

根据第 7 条提出的申请应以书面形式提交,并包括申请理由。

第六章 议会会议

本章内容

第一条 本章包含以下条款:

——会议的计划与指导(第二—六条);

——会议(第七—十四条);

——会议上的发言权(第十五—十九条);

——法律辩论(第二十一—二十二条);

——特别辩论(第二十三条);

——一般条款(第二十四—二十七条)。

会议的计划与指导

第二条 议长决定会议的工作计划及召开时间。

补充条款 6.2.1

在做出第二条决定之前,议长应与议长会议商议。

第三条 议长主持议会会议。

补充条款 6.3.1

议长主持会议时,由一位大会书记员协助他。

第四条 议长可以授权一名副议长主持会议。

第五条 如果议长及所有副议长均缺席,由出席会议议员中最资深的议员主持会议。

第六条 议长不得对任何已进入审议议程的讨论事务发表意见。同样的规定适用于主持会议的副议长和议员。

会 议

第七条 根据《政府组织法》第四章第九条的规定,议会会议对公众开放。

出于国家安全的考虑,或出于与其他国家或国际组织关系的考虑,议会可以决定某一次议会会议为秘密会议。

如果政府拟在一次会议上发表声明,出于与第二段相同的考虑,政府也可以决定该次会议应秘密举行。

第八条 任何议员或议会官员未经授权不得透露秘密会议上的任何情况。但在特定的情况下,议会可以决定全部或部分地撤销绝对保密的规定。

第九条 除《政府组织法》或本法另有规定者外,议会会议按照议长的会议通知书召集。

会议通知书应在开会前一日下午六点以前并至少提前14小时寄送。特殊情况下会议通知书可以晚寄送。在此情形下,只有一半以上的议会议员同意会议才能召开。

第十条 会议通知书应表示该次会议是否属于要对常设委员会的报告做出决定的全体会议。

补充条款6.10.1

通知书应表示该次会议是否要进行选举。

第十一条 如果政府决定要求举行特别选举,议长可以根据政府的要求做出决定,停止该届议会有效期内剩余时期内的会议工作。

第十二条 议长可以在议会休会期间召集一次议会会议。如果政府要求,或115名以上议员提出这一要求,议长应做出这一决定。

议长应在这一要求提出后的十日内召集一次议会会议。会议只有在所有议员在知悉通知后都有足够的时间出席的前提下才能召开。

在一般未计划召开全体会议的期间,如果四分之三以上的有资格投票者和一半以上的议员投票支持,应在议员被通知召开全会后的48小时内召开一次全体会议。

补充条款6.12.1

根据第十二条召开的这类会议的第一次会议的时间应予公示。

第十三条 议长负责为每次议会会议准备议事日程表,日程表应列入所有待决事项,但认为需秘密审议的事项除外。该议事日程表应传达至议员。

议事日程表应该表明该次会议是否属于要对常设委员会的报告做出决定的全体会议。

会议议程中的事项和选举应按照议程所排列的顺序依次进行。

应作为议事日程第一项的动议

补充条款6.13.1

在议事日程表中,要求就基本法某一事务举行全民公决的提案、根据《政府组织法》第六章第三条规定举行首相选举投票、提议新首相或要求宣布不信任案的动议,应作为第一议项列入议程。如果同时有好几项这类事项,应按上述顺序排列。议长可以决定首相选举投票和要求宣布不信任案两者之间的顺序。

补充条款6.13.2

除补充条款6.13.1所规定外,下列事项应列入议程:

1. 选举;

2. 政府议案或来自政府的书面通报,议会常设委员会以外的议会所属机构的提案或报告,议员个人动议,以及要提交给议会常设委员会处理的欧盟文件;

3. 要提交列入议程、讨论和决定的常设委员会的报告和声明,或如果一常设委员会或议长提议某项要在比第十一章第二条第一段所规定的更短时间内做出决定的事务;

4. 有关议员名单任何变化的决定和通知;

5. 议会会议要做出的其他决定;

6. 特别安排的讨论通知；

7. 其他由议长决定的问题。

此外，政府部长打算在议会会议上作口头声明的通知也应列入议事日程。如可能，要求一项法律草案搁置十二个月的动议也应列入议程。

第十四条 未经事先审议的终止或调整一次会议程序的决定由议会大会做出。

会议上的发言权

第十五条 除本《议会法》所规定的例外情况外，每一议员、每一政府部长都有在议会会议上对所有审议事项以及对该次会议活动的合法性问题自由发表意见的权利。

第十六条 发言人必须紧扣议题。违背本规定并不听从议长劝告者，议长可以剥夺其在本次讨论剩余时间中的发言权。

任何人不得在议会会议上不适宜地谈论他人、运用人身攻击语言，或表现出某种有违良好秩序的言行。违背本规定者，议长可以剥夺其在本次讨论剩余时间中的发言权。

补充条款 6.16.1

在与议会党团领袖磋商后，议长可以决定批准议会会议的规则。

第十七条 国家元首可以在议院发表就职宣言。

第十八条 政府可以以由一位部长在议会会议上发表口头声明的方式向议会提供信息。

第十九条 任何人不得出席涉及其本人或其亲密伙伴的讨论事项的会议。

但政府部长可以参与与其职责有关事项的讨论。

法律辩论

第二十条 议长应就议会辩论的安排问题与各议会党团领袖进行磋商。

第二十一条 议会可以在《议会法》的补充条款中限定每个人在审议每一事项时的发言次数以及发言的时间。对于不同类型的发言人可以做不同的规定限制。

与应议长要求对特别事务进行讨论一样,第一段所提到的对发言权的限制也应获得特别批准。该决定的做出无须事先讨论。

但每个要求就某一事务发言的人都有资格做至少四分钟的发言。

补充条款 6.21.1

一位事先未曾通知要发言的成员参与辩论,其发言时间限四分钟,除非议长允许延长发言时间。在特定事务问题辩论中已发过言的成员作进一步答辩的时间不得超过两分钟。

要求参与一场辩论发言的致议会行政署的通知至迟应在举行会议召开前一天下午四点三十分前送达。此类通知应表示期望发言的时间段。

本条第 1 和第 2 段的规定不适用于对一项质询或询问的回复。

第二十二条 在对某一事项进行审议之前,议长应确定已预先通知的发言者的发言顺序。在辩论过程中要求发言的议员应按其通知议长的先后顺序发言。

议长可以不按发言顺序并未经事先通知即:

1. 让一个此前未发言的部长发言;

2. 让一个此前为了反驳前一位发言者而发过言的部长或议员发言。

在与党团领袖磋商后,议长可以决定让某位部长或议员在其发言之前进行答辩。对于不同类型的发言人可以做不同的规定限制。

补充条款 6.22.1

可以不按顺序且未经事先通知让一位在特定事项的审议中未曾发过言的政府部长发言,时间不超过十分钟。

补充条款 6.22.2

发言过程中可以要求答辩。答辩发言时间不得超过两分钟,但如有特殊理由,议长可以准许延长至四分钟。每一发言者可对同一次发言作两次答辩。一位议员如经允许答辩,他或她应在一位部长插入发言之前进行答辩。

补充条款 6.22.3

在某一问题的审议过程中,任何议员可以不按发言顺序立即对上一发言表示不说明理由的赞同。

特别辩论

第二十三条 在同各议会党团领袖磋商后,议长可以决定讨论与议会该次会议的其他审议事项无关的事项。该讨论可以限制在一特定的题目内,或者按专题进行分组讨论。

补充条款 6.23.1

在同各议会党团领袖磋商后,议长可以决定进行特别辩论的时间。

一般条款

第二十四条 议会的会议应做完整的会议记录。任何不愿将其发言记入会议记录者即无发言权。不可更改经记录证实的决定。议会的会议记录及附件文件均应刊印公布,但根据特别规定必须列入保密范围者除外。

补充条款 6.24.1

会议上的发言应及时以可读的方式(议会记录)供查阅。如果发言者在会后的第三个工作日中午十二点前未对该记录提出异议,应认为该记录业经本人同意。

如果发言者对该记录进行了校准,应在校准处签字或者盖章。

补充条款 6.24.2

议会应在一次会议后的三周内确认该次会议的会议记录。在此期间不能确认的会议记录应在一月内或在由议长确定的日期内确认。

一次会议记录被确认后,任何议员都有权要求对已按照第六章补充条款 6.24.1 规定得到另一议员同意的发言记录做出更正。

第二十五条 议会会议中每位成员应有其指定座位。议长、副议长以及政府部长有其专门的位置。

补充条款 6.25.1

议员按选区席位在议会大厅中就座。

补充条款 6.25.2

发言人应在议会发言席或其就做席位上发言。

第二十六条 议会大厅应为公众提供特别旁听席。

补充条款 6.26.1

公共听众席位旁听者得按要求将其室外大衣、手提袋以及任何能用于扰乱议会的物件交出。不服从这一要求的人可被拒绝进入公众席。所交出的物件寄存在为参观者提供的特别储物柜中。

有关安全控制的规定见议会《安全控制法》（Act on Security Controls）（SFS 1988：144）

第二十七条 对于有扰乱行为的任何公众得勒令其立即退席。如骚动情绪在旁听公众群中蔓延，议长可以命令所有的旁听公众全部退席。

第七章　议会常设委员会和欧盟事务委员会

本章内容

第一条 本章包括以下方面的条款：

——任命（第2—4条）；

——议会常设委员会的责任及各委员会之间的事务分配（第5—11条）；

——欧盟事务（第12—14条）；

——常设委员会会议（第15—21条）。

任　命

第二条 在每个议会会期内，议会应从其成员中任命一个法律委员会、财政委员会、税务委员会以及议会工作所必要的相当数量的其他常设委员会。这些委员会的任期为当届选举有效期。

在选举有效期内，议会可以任命临时委员会，其有效期不得超过当届选举有效期的剩余时间。

补充条款 7.2.1

议会应在议会召集第一次会议后的八天内任命下列十五个常设委员会：

1. 法律委员会；

2. 财政委员会；

3. 税务委员会；

4. 司法委员会；

5. 公民事务委员会；

6. 外交事务委员会；

7. 国防委员会；

8. 社会保险委员会；

9. 卫生和福利委员会；

10. 文化事务委员会；

11. 教育委员会；

12. 交通运输委员会；

13. 环境和农业委员会；

14. 工业贸易委员会；

15. 劳动市场委员会。

补充条款 7.2.2

议会如设立临时委员会，应明确规定该委员会的主要职责。

第三条 根据《政府组织法》第十章第十条，议会应在其选举有效期内，从其成员中任命一个欧洲事务委员会以与政府进行磋商。

第四条 议会常设委员会及欧盟事务委员会的成员数应为奇数，但不得少于十五人。

在欧盟事务委员会的会议上，每个在该委员会拥有代表的党团有权由一名与所议事务相关的议会常设委员会的成员来代替欧盟事务委员会的一位代表。但该权利并不适用于在该委员会中已有一名议会常设委员会成员作为替代成员的党团。

补充条款 7.4.1

议会常设委员会和欧盟事务委员会的成员人数由议会根据提名委员会的提议决定。

议会常设委员会的责任及各委员会之间的事务分配

第五条 除本章第八、九和十条所规定的外，议会应以补充条款的形式规定各常设委员会之间的事务分工所应遵循的原则。同一领域的事务应由同一常设委员会分管。

但议会可以决定由一个委员会负责《政府组织法》第八章第二条所规定的立法事务，而不论所涉事务的领域归属。

补充条款 7.5.1(见附录)

本法附录规定了除本章第八、九和十条所列之外的议会常设委员会所负责的事务领域。

第六条 预算法案可由两个或两个以上的议会常设委员会共同负责。其他事务只有出于特殊情况的需要才能由多个委员会共担。

第七条 两个或两个以上的委员会可以决定通过一个联合委员会的代表共同准备一项事务。

第八条 法律委员会负责处理有关基本法和议会法的事务。

该委员会应监督议会根据本法第九章第二十条第一段对自主原则的应用并一年一次向议会会议报告其监督情况。

《政府组织法》以及本法的相关条款对法律委员会的责任作了进一步规定。

第九条 财政委员会负责处理以下事务：

1. 经济政策及中央政府预算的总体方针；
2. 有关瑞典中央银行的活动。

根据本法第十一章第十八条第二段的规定，财政委员会还负责准备中央政府预算决定的建议。此外，财政委员会应审核中央政府岁入预估及中央政府年度报告。该委员会应协调议会有关中央政府预算的决定。

有关该委员会责任的进一步规定见《政府组织法》及本法相关条款。

第十条 税务委员会负责处理有关中央和地方政府的税务问题。

第十一条 鉴于不同事务的相互依赖、某一事项的特殊性或作用条件，在特定情况下，议会在认为必要时可以违反上述常设委员会之间的事务分配原则。

在第一段所指情形下，某议会常设委员会可以在另一委员会同意的条件下将一事项转给后者。转移该事项的常设委员会可以在向接受该事项的委员会转移的同时表达自己对该事项的意见。

欧盟事务

第十二条 在涉及由常设委员会决定的欧盟事务问题上，政府应与常设委员会商议。

如果一个常设委员会至少五名成员提出要求，该常设委员会应决定按照第一段要求与政府商议。如果这种商议会导致事务的延迟处理并由此导致严重的损害，常设委员会可拒绝该商议要求。在此情形下，该委员会应在其记录中注明拒绝该要求的理由。

第十三条 常设委员会应监督各自领域范围内的欧盟工作。

第十四条 政府应将欧盟理事会即将决定的事务告知议会欧盟事务委员会。政府还应在该理事会做出决定之前就理事会的商议行动咨询议会欧盟事务委员会的意见。

如议会欧盟事务委员会出于特别理由提出要求，政府应就其他与欧盟工作相关的事务问题与欧盟事务委员会磋商。

政府应在欧洲理事会的会议和决策之前与欧盟事务委员会协商。

常设委员会会议

第十五条 应议会工作的要求，议会常设委员会和欧盟事务委员会召集会议。

补充条款 7.15.1

议会常设委员会和欧盟事务委员应在其组织任命后的两天内由议长召集召开第一次会议。此后，议会常设委员会和欧盟事务委员会由其主席召集。如五名以上议会常设委员会或欧盟事务委员会委员提出要求，主席应召集其成员召开会议。

召集通知应发至所有委员及替补委员本人。召集通知应在会议前一天下午六点以前寄至议会各有关人员。

应政府要求，出于《政府组织法》第九章第五条之目的，应由议长召集财政委员会会议。

补充条款 7.15.2

在委员会选出主席以前，应由出席委员中最资深的议员主持委员会会议。

补充条款 7.15.3

如果常设委员会事先做出一致决定，该委员会可以在议会全体会议期间或在议会选举期间召开会议。但该委员会不能在议会全体会议期间或在议会选举期间召开本章第十七条所规定的公开会议。

补充条款 7.15.4

议会常设委员会及欧盟事务委员会会议记录应予保存。

补充条款 7.15.5

欧盟事务委员会会议应作清晰的记录。

第十六条 议会常设委员会和欧洲事务委员会会议秘密举行。议会常设委员会和欧洲事务委员会可以允许委员会委员、替补委员或委员会工作人员之外的其他人员列席该秘密会议。在根据本章第十二条召开的欧盟事务委员会会议以及议会常设委员会商议欧盟事务问题的会议上，不要求参会的部长或其陪同人员做出决定。

第十七条 对于按照本章第十二条召开的讨论欧盟事务的会议，议会常设委员会可以决定在涉及信息收集或商议的部分对公众开放。

议会常设委员会可以决定一次会议完全或部分对公众开放。

中央权力机构的代表在常设委员会的公开会议中不必提供属于政府保密范围的信息。

补充条款 7.17.1

音像记录可被作为议会常设委员会或欧盟事务委员会会议的公开内容，除非该委员会另有决定。

第十八条 在对公众开放的欧盟事务委员会会议上，应为一般公众提供特别席位。

补充条款 7.18.1

旁听者应按要求将其室外大衣、手提袋以及任何能用于扰乱会议的物件交出。不服从这一要求的人可被拒绝进入公众席。所交出的物件寄存在为参观者提供的特别储物柜中。

第十九条 对于有扰乱行为的任何公众得勒令其立即退席。如骚动情绪在旁听公众群中蔓延，议长可以命令所有的旁听公众全部退席。

第二十条 参加议会常设委员会或欧盟事务委员会会议的任何人，对于政府、议会常设委员会或欧盟事务委员会出于国家安全的需要或者出于同外国政府或国际组织的关系等重大原因而决定保密的事项，未经批准，不得泄露。

第二十一条 任何人不得出席讨论或决定涉及其本人或涉及其亲友事项的委员会会议。

第八章 对部长的质询与询问

第一条 本章包括以下条款：

——质询（第二—四条）；

——书面询问（第五—七条）；

——询问时间（第八条）。

质 询

第二条 质询应以书面形式递交并寄送至特定部长。它应围绕某一特定的议题并包括说明质询理由。

第三条 议长决定是否提出质询。如果议长认为一项质询与基本法或与本法冲突,他或她可拒绝提出质询,并说明拒绝的原因。

但如果大会仍要求提出质询,议长应将该事项提交法律委员会决定。如该委员会认为该质询与基本法或本法不冲突,议长应允许提出质询。

补充条款8.3.1

质询向议会行政署提出。议长应尽快通知议会会议其是否同意提交质询的决定。如果议长同意提出质询,他或她应立即将此项质询转达有关部长。该质询应列入大会议程。

补充条款8.3.2

——质询在被质询部长答复之前可以撤销。

第四条 一项质询在向相关部长提出后,该部长应在两周内对该质询做出答复。如果由于议会会议工作计划质询不能在确定时间内答复,该时间延长至能够做出答复为止。如果在第一段所述时间内未能答复,或不会做出答复,相关部长应通知议会会议其理由。对此类通知议会不予讨论。

如果质询在其提出的议会有效期内未被答复,该质询即行失效。

补充条款8.4.1

议长在与答复质询的部长及质询者协商后决定回答质询的会议。

对质询的答复可预先分发给议员。

补充条款8.4.2

对一项质询的口头答复不超过六分钟。该部长有权另作三次回应,其中前两次每次不超过四分钟,第三次不超过两分钟。

其他发言人有权做两次发言,其中第一次不超过四分钟,第二次不超过两分钟。

议员在做第二次发言之前应告知会议其发言要求。

书面询问

第五条 向一位部长提出的书面询问应包括简短的提出理由。该询问应围绕某一特定的议题。

第六条 议长决定是否提出书面询问。如果议长认为一项询问与基本法或与本法冲突,他或她可拒绝许可提出询问,并说明拒绝的原因。

但如果大会仍要求提出询问,议长应将该事项提交法律委员会决定。如该委员会判定该询问与基本法或本法不冲突,议长应允许提出询问。

补充条款 8.6.1

书面询问提交给议会行政署。

议长应尽快通知议会会议其是否同意提出询问的决定。如果议长同意提出询问,他或她应立即将此项询问转达有关部长。

补充条款 8.6.2

一项书面询问在被询问部长答复之前可以撤销。

第七条 部长以书面形式回复一项书面询问。如果在补充条款规定的时间内书面回复未能送达,该部长应通知议会行政署何时可以回复或将不予回复。

补充条款 8.7.1

对一项星期四上午 10 点之前送达的书面询问最迟应在随后一周的星期三中午 12 点之前予以回复。如果是由于议会工作的要求,议长可在与议会党团领袖磋商后决定可以在送达之日起的十四日内回复该询问。

补充条款 8.7.2

书面询问和部长对询问的回复应做会议议程备案。

询问时间

第八条 对部长的口头询问应在议会大会的特定时间内提出。询问应围绕某一特定的议题。

相关部长应立即回答。

议长决定询问时间段的发言人,并可决定限制发言时间不超过一分钟。

补充条款 8.8.1

询问时间为议会大会召开期间的每个星期四。

出于议会的工作要求,议长可以决定在星期四之外的其他时间举行询问,或取消询问。

政府办公室应在适当的时间通知议会行政署哪些部长将在询问时间内参加会议。此类的通知应以由议长决定的形式提出。

第九章 提议议案

本章内容

第一条 本章包括以下方面的条款:

——政府提议议案(第二—九条);

——议员个人提议议案(第十一—十五条);

——议会机构提议议案(第十六—十九条);

——以欧盟文件方式的议案(第二十条);

——有关欧盟的信息(第二十一—二十三条);

——其他由议会处理的事务(第二十四—二十五条);

——一般事务(第二十六—二十七条)。

政府提议议案

第二条 政府以政府议案的形式向议会提出建议。

政府议案应包括政府在该问题上的议事记录、打算以及建议理由。含有立法建议的议案应包括——如果有的话——立法委员会(Council on Legislation)的意见。

补充条款 9.2.1

政府议案提交给议会行政署。在将议案刊印分发给议员后,由议长在议会会议上宣布该议案。

第三条 对于政府认为应在议会选举有效期内予以考虑事务的议案，议会根据议长的建议决定其最迟提交时间。但如果本法规定了具体时间，则适用该时间。

但本条第一段不适用于下列情形：

1. 政府根据法律规定，将业已发布的条例提交议会审议的议案；
2. 政府认为因特殊情况需推迟提出的议案。

第四条 政府应适时提交其议案，以避免造成议会议案的积压。政府应就此事同议长进行磋商。

预算议案

第五条 政府应提出下一财政年度中央政府收支计划的议案（预算议案）。中央政府预算年度与公历年相同。

预算议案应包括一份预算说明和一份预算建议。除非议会已根据第十一章第十八条的规定做出决定，预算议案应包括一份所有已决定开支领域的拨款分配表。

只有在政府认为由于特殊的经济政策形势而必须的情形下，才可以在预算议案之后提出关于国家下一预算年度收入或支出的议案。

包含新拨款或显著增加拨款建议，或含有根据《政府组织法》第九章第六条所述涉及中央政府跨预算年度活动拨款指导性原则[①]建议的议案，应包括与该建议所述活动相关的预期成本。如果拨款方案是根据某一跨预算期的计划提出的，则必须对该计划做出说明。

补充条款 9.5.1

预算案至迟应于九月二十日前提交。在九月举行议会选举的年份，预算案则应于议会开幕后的两周以内提交。如果由于政府的变更而无法按时

[①] 即"议会可以决定政府活动的指导性原则，也包括下一个预算期以外时段的"。——译者注

提出，预算议案应在新政府成立后的三周内提出，但不能迟于十一月十五日。

补充条款 9.5.2

政府至迟应于每年四月十五日前提交一份议案，提出未来经济和预算政策的指导性原则建议（春季财政政策案）。

补充条款 9.5.3

国家开支应包括以下开支领域：1. 政府管理；2. 经济和财政管理；3. 税务、海关和执法；4. 司法；5. 国际合作；6. 国防和应急措施；7. 国际发展合作；8. 移民；9. 医疗卫生、社会服务；10. 残疾财政保障；11. 老人财政保障；12. 家庭和儿童财政保障；13. 种族和性别平等；14. 劳动市场和工作方式；15. 助学；16. 教育和学术研究；17. 文化、媒体、宗教社团；18. 社区规划、住房保护、建筑和消费政策；19. 地区发展；20. 环境保护和自然保护；21. 能源；22. 交通运输；23. 农业科学、乡村和食品；24. 工业贸易；25. 地方政府一般补助；26. 中央政府债务利息；27. 欧盟缴纳费用。

拟纳入春季开支领域目标和活动的有关决策与有关春季财政政策案决策同时做出。

补充条款 9.5.4

有关预算程序的进一步规则见《瑞典预算法》（the Swedish Budget）（2011：203）。

第六条 除本条第二段所规定的例外情形外，政府可以提出议案，建议修订中央政府的预算，但一个预算年度不超过两次。

在其他情形下，只有在政府认为有特殊理由时才能提出修订中央政府预算的议案。

补充条款 9.6.1

第六条第一段所述的这类议案的提出应与预算案或春季财政政策案相关。

第七条 政府可以通过书面形式向议会通报情况。

补充条款9.7.1

书面通报应提交给议会行政署。在将其印发给议员后，向大会说明。

第八条 政府每年应向议会提出一次书面通报，陈述政府针对议会向政府通告的回应措施。

第九条 政府每年应以书面形式向议会报告由政府委任的各委员会的工作情况。

议员个人提议议案

第十条 议会成员以议员个人动议的形式向议会提出建议。不得在同一动议中包括几项性质不同事项。

补充条款9.10.1

议员个人动议至迟应于动议递交期最后一天下午四点三十分以前递交给议会行政署。议员个人动议应注明动议人所属政党。

大会会议通告个人动议。

第十一条 个人动议的提出一年一次。（在个人动议时期内）个人可以就议会管辖范围内的任何问题提出动议。

除议会根据议长的建议做出具体规定外，个人动议的提出时间一般为从每年议会年会开始（一般在八、九或十月开幕），一直持续到个人可以就预算议案提出动议为止。

第十二条 因政府议案、政府的书面通告、议会常设委员会之外的其他议会机构的呈递材料或报告而引起的个人动议可以在有关事务在议会会议通告后的十五天内提出。

第十三条 对于需要迅速做出决定的事项，如议会认为有特别的理由需要这样做，议会可以根据提出报告的政府或议会机构的建议，做出缩短议员个人动议递交期限的决定。

特殊情况下议会可以根据议长的建议做出延长个人动议递交期限的决定。

补充条款9.13.1

关于延长议员个人动议递交期限的建议，至迟应在有关议案、书面通告、呈递材料或报告在议会宣读后的第二次会议上提出。延长期限的决定至迟应于随后的下次会议上做出。

第十四条 如果对政府议案、政府的书面报告、议会常设委员会之外的议会机构的呈递报告的审议从一个选举期延迟到下一个选举期，与之相关的议员个人动议可以在新的选举期开始后的七日内提出。

第十五条 发生某种重大事件，且该事件在正常的个人动议时间，或在本章所规定的其他个人动议时间内无法预见或考虑，可以由至少十位以上的议员联合提出个人动议。

议会机构提议议案

第十六条 议会常设委员会有权就其分管的事项向议会提出建议（委员会动议）。根据适用于常设委员会一般报告的规则，委员会动议以委员会报告的形式提出。

出于经济政策的目的，财政委员会有权就其他委员会分管事项向议会提出建议。

第十七条 议长会议、瑞典中央银行（Riksbank）[①] 理事会（General Council）和执行委员会（Executive Board of the Riksbank）、议会督察专员（the Parliamentary Ombudsmen）和国家审计办公室（the National Audit Office）可以就所涉组织机构的权限、组织、人事或工作程序向议会提出提案。

议会可以规定，议长会议、瑞典中央银行理事会和执行委员会以及议会督察专员也可就其他事务向议会提出报告。

有关议会机构向议会报告的条款由法律规定。

第一段的规定也适用于国家审计办公室的各总审计长。有关此类报告的进一步规定由法律规定。

---

① 瑞典中央银行（Riksbank）属于瑞典议会下的一个机构。——译者注

补充条款9.17.1

议会所属机构的提案和报告应送交议会行政署。报告在印发给议员后,应在大会会议上通告。

补充条款9.17.2

议长会议可就议会事务处理、议长会议责任范围内事务,或有关议会行政署、议会督察专员或国家审计办公室的经济管理立法问题向议会提出报告。

在议长会议就议会行政署、议会督察专员或国家审计办公室的经济管理立法问题提出报告之前,有关当局应有机会就这些事务发表意见。

在其他情况下,议长会议也可就与议会本身或议会所属机构有关的问题向议会提交报告,只要这些报告是基于来自由议长会议任命的委员会的建议。

补充条款9.17.3

议长会议每年应就其管辖范围事务向议会提出一份书面报告,就议会向议长会议所提的报告问题,说明议长会议的应对措施。

补充条款9.17.4

瑞典中央银行理事会和执行委员会可就其权限范围内的事务问题向议会提出报告。

补充条款9.17.5

各议会督察专员可就其督察活动中出现的问题向议会提出提案。

有关这类提案的进一步规定见《议会督察专员指导法》(Act with Instructions for the Parliamentary Ombudsmen)(SFS 1986:765)

补充条款9.17.6

各总审计长可以就对政府、中央银行和中央银行三百周年纪念基金(Riksbank Tercentenary Foundation)的年度报告的审计问题向议会提出提案。

第十八条 各总审计长就议会审计工作表现提出审计报告。

报告应提交给议会行政署。报告在印发给议员后,应在大会会议上通告。

有关议会行政署和议会所属公共机构活动的年度报告和审计报告以报告书的形式提交。

其他报告由议长提交给政府或议会相关的常设委员会。

第十九条 政府应就每份向政府提交的审计报告向议会做出书面汇报，说明政府对报告中所提出问题已采取的或打算采取的措施。但如果政府对几项审计报告采取或拟采取类似的措施，政府可以向议会提出一份涉及这几项审计报告的书面汇报。

政府应在接到（审计）报告后的四个月内提出其书面汇报。在计算延期时，不应计算7月和8月。

以欧盟文件方式提出的议案

第二十条 议会应考虑由欧洲委员会提交给瑞典议会的绿皮书和白皮书。同样的原则适用于除法律条文草案外的欧盟其他文件，后者由议长在咨询党团领袖意见后决定。

议会应考察法律条文草案是否与权力自主原则冲突。

议会有权决定批准或拒绝欧洲理事会的下列动议：授权理事会决定在特定领域或在特定事务问题上将决策程序由一致通过改为特定多数通过，或从特别立法程序改为一般立法程序。

有关欧盟的信息

第二十一条 根据《政府组织法》第十章第十条[①]，政府应及时将有关欧盟合作框架的发展信息通报议会。

政府应将其在欧盟的活动向议会做出解释，并每年向议会提出书面通报，报告其在欧盟的活动。

[①] 即"政府应就欧盟合作框架的发展保持向议会通告并向议会任命的机构咨询"。——译者注

第二十二条 对于欧盟机构提交给瑞典议会、政府认为重要的文件，政府应表明其立场。

第二十三条 议会受理欧盟机构根据条约和条约协议提交的有关欧盟工作的书面报告。

其他由议会处理的事务

第二十四条 法律委员会应就选举待定时期的基本法或议会法的有关事项向议会提出有待最后通过的决议案。如依照《政府组织法》的规定应将修改基本法或议会法的法定程序适用于其他事项时，选举待定时期内的有关事项的决议案应由分管该事务的议会常设委员会向议会大会提出。

第二十五条 要求就某一基本法事务举行全民公决或要求宣布不信任案的动议应在议会会议上提出，并在提出动议后尽快提交该动议的书面材料。

一般事务

第二十六条 政府议案、政府的书面报告、呈递报告，或议员个人动议可以在有关常设委员会就此事务提出报告之前撤销。

一项根据《政府组织法》第二章第二十二条第一段规定处于最少十二个月搁置期的法律草案在本法第十章第六条第三段所示的新的委员会报告提出之前可以撤销。

如一项政府议案、政府的书面报告，或呈递报告已被撤销，由其所引发的个人动议也应失效。

如一项政府议案、政府的书面报告，或呈递报告已被撤销，由此引起的议员个人动议可在议会宣布撤销之日起七天内提出。

补充条款 9.26.1

政府议案、书面报告、呈递报告的撤销应以书面通知的形式送交议会行政署。

个人动议的撤销应以书面形式递交议会行政署。

议长应取消已被撤回的或因撤销而失效的政府议案、书面报告或呈递报告。

议长的决定应通知议会大会。

第二十七条 适用于计算法定期限的一般规定，同样适用于依照本章规定采取行动的期限。

第十章 议案的处理

第一条 本章包含议会常设委员会处理议案的条款。

第二条 政府议案、政府的书面报告、议会非常设委员会机构的呈递报告、议员个人动议以及第九章第二十条所述的欧盟文件，均应由议会大会提交给有关常设委员会处理。同样的规定也适用于第五章第七条所说的已提交给议会大会的要求对议员进行起诉或限制其自由的申请。

一事项在提交给常设委员会处理前，应在议会会议上讨论，除非议会决定立即提交给常设委员会。

第三条 对于已经提交给它的或由其他常设委员会转交的政府议案、政府的书面报告、议会非常设委员会机构的呈递报告、议员个人动议，常设委员会必须向大会提出报告。

对于第九章第二十条第一和第三段所述的提交其处理或由其他常设委员会转交处理的欧盟文件，常设委员会应提出说明报告。

在涉及第九章第二十条第二段所述的权力自主原则事务时，如一常设委员会认为该草案与权力自主原则冲突，它应向大会提出说明报告，建议议会向欧洲议会、欧洲理事会和欧盟委员会提出合理的意见。如经委员会五人以上成员提出要求，该常设委员会还应向议会大会提出说明报告。否则，该委员会应以记录摘要的方式向大会报告，说明该立法草案与权力自主原则不冲突。

第四条 在一常设委员会完全或部分支持一项认为政府应该批准一项法律的动议，或通过委员会的提议提出此类建议之前，如无特别反对理由，它应收集所有必要的信息和意见。这也适用于影响中央政府预算的建议。如该常设委员会未能收集相关信息或意见，它应在其委员会报告中说明理由。

在一常设委员会完全或部分支持一项动议，或以委员会的倡议形式提出建议之前，如该建议对未来公共开支或收入有重要影响，财政委员会应有机会发表意见。

第五条 常设委员会有义务获得立法会议（Council on Legislation）的相关意见，有关条款见《政府组织法》第八章第二十一条。

如该常设委员会未得到立法会议的意见，应在其委员会报告中说明理由。

只有在立法会议表示其态度后，法律委员会才能就某一特别立法建议不适用于《政府组织法》第二章第二十二条第一段之规定做出解释。

第六条 对于根据本法第十一章第十五、十六和二十条被推迟到下一选举有效期内处理的事务，应由新选举出的议会任命的常设委员会提供报告。

在将根据第九章第二十四条做出的搁置决定通报给议会大会时，应附上常设委员会对该事务的意见。

如一项立法草案根据《政府组织法》第二章第二十二条第一段已被搁置至少十二个月，相关常设委员会应就该事务提出新的报告。

补充条款 10.6.1

对于《政府组织法》第九章第五条所述的问题①，财政委员会应将其决定以该委员会书面报告的形式报告给政府。

第七条 一常设委员会在处理涉及另一常设委员会负责事务领域的事务时，应给另一常设委员会表达意见的机会。

第八条 中央政府的权力机构应按要求向常设委员会提供相关信息并表达其意见，除非它需要遵循第七章第十七条第三段的规定。

---

① 即"如果国家预算在预算周期开始时未能通过，议会按照要求拨款直至预算通过。议会可以授权财政委员会代表议会做出该决定。"——译者注

一个非议会下属的机构可以将一常设委员会的要求提交给政府决定。

本条所规定的政府向常设委员会提供信息和表达意见的义务限于两方面的事务，即欧盟工作以及提交给政府的总审计长关于审计工作执行的报告。

第九条 在处理一项事务过程中，如果一常设委员会中五个以上的成员提出要求，该常设委员会应按本章第四、七或八条的规定获取信息或意见。如果该事务与欧盟活动，或与第九章第十八条所提的总审计长的此类报告有关，可以提出不与所处理事务关联的此类要求。

如一常设委员会五名以上成员提出要求，按照第七条规定有机会向另一常设委员会表达其意见的常设委员会应形成其意见。

本条第一或第二段所述的提供信息或意见的要求如果是在一常设委员会处理一项事务的过程中提出、且该委员会认为所要求的行动会因为拖延处理该事务而导致严重的后果，该委员会可以拒绝该要求。该常设委员会应在其报告或意见中说明拒绝此类要求的理由。如一项第二段所述的要求被拒绝，该委员会应在其记录中说明原因。

第十条 在根据第三条第二段要求准备一项报告说明时，该常设委员会应从政府那里获得必要的信息。

关于本章第三条第三段的立法草案条文是否适用于权力自主原则，政府应在相关专业委员会提出该要求的两周内，通知该委员会其判断意见。

第十一条 专业委员会实行公开表决。如果赞成与反对的票数相等，主席所支持的意见获得通过。

在委员会的表决中失利一方的委员可将其保留意见以及其动议附入委员会的报告或说明。如果该投票涉及该委员会对另一常设委员会的意见声明的态度立场，该委员可将其不同意见附在此意见声明中。但不得因此而延误委员会的报告、声明或意见声明。

第十二条 在向另一专业委员会交付的报告、声明或意见声明中，一委员可以解释其在一特定意见声明中的立场。

第十一章　议案的表决

本章内容

第一条　本章包括以下内容：

——议案表决的必要条件（第二—六条）；

——大会决议的程序（第七—十四条）；

——议案表决的时间（第十五—十七条）；

——特定议案的特别程序（第十八—二十条）；

——议会决定的传达（第二十一条）。

议案表决的必要条件

第二条　一常设委员会的报告或声明最迟应在讨论事务拟议前两天送达议员。

委员会的报告应在表决前通知大会并列入议程。

议会可以应常设委员会或议长的建议，决定对一项尚未达到本条第一段所述时间条件的事项进行表决。

补充条款11.2.1

委员会的报告或说明应在本条第一段所述日期的下午3点以前送达议员。

补充条款11.2.2

本条第三段所述的建议应通知给有关该报告或说明的会议。议长在提出此类建议之前应与常设委员会主席和副主席商议。

第三条　要求对有关基本法事项进行全民公决或宣布不信任的动议，应在提出该动议的会议上和在此后的另一次会议上在对其进行表决之前对其进行讨论。但表决至迟应在提出该动议之后的第三次会议之前进行。

对于议长提出的任命新首相的建议，应在提出该建议的会议上和在此后的另一次会议上在对其进行表决之前对其进行讨论。根据《政府组织法》第六章第四条第二段的规定，对该事项表决应在该建议提出后的四日内进行。

第四条 常设委员会以委员会报告或声明的方式提议采纳某一建议。

议员欲对常设委员会报告或声明报告所做的某一建议或建议决定表示支持或拒绝时，可以在讨论过程中提出动议。

第五条 一项常设委员会已经提出报告或说明报告的事务，如果三分之一以上的投票人同意如此，该事务应由大会退回常设委员会做进一步的审议。同一事务根据本条退回不能超过一次。

大会也可将该事务转给另一个常设委员会作进一步的审议。如果一项转给另一委员会的动议与一项退回原审议委员会的动议同时被提出，应首先考虑退回的动议。如果要求退回的动议被批准，要求转给另一常设委员会的动议即失效。

第六条 一项审议中的事项，只有在议会根据议长的提议宣布辩论结束后，方可对其进行最后表决。

对常设委员会报告或声明报告的表决只能在已在会议通知中公布并被列入会议议程的全体会议上进行。

大会决议的程序

第七条 议长根据讨论过程中提出的动议提出决议要求。

如议长认为一项动议与基本法或与本法冲突，他或她可决定不提出决议，并说明其理由。如果大会提出该决议要求，该事务应提交法律委员会决定。如法律委员会表示该动议与基本法或本法不冲突，议长应提出决议。

本条第二段所述对合法性的甄别不适用于鉴定《政府组织法》第二章第二十二条第一段所述问题是否适用于某一特定法律草案。

第八条 对议项的表决采用口头表决的方式。如有议员提出要求，也可采用投票表决的方式。如系按照第十四条适用特殊程序规则，则通常必须以投票方式表决。

必要时，可以对议项进行分项表决。

第九条 在对议项进行口头表决时，议长应将审议过程中提出的每一动议提付表决，可以将不同观点动议交错表决。提付表决时的措辞应简明，以使人们可以"同意"或"不同意"作答。议长根据自己的认定宣布表决结果，并以击槌表示正式确认，除非一议员要求进行投票表决。

第十条 在对议项进行投票表决时，应对讨论中所提出的动议交错表决。一项议长认为已通过口头方式获得议会通过的动议，或者由议长决定了的动议构成投票的主提案。第二个动议则是反对这一主提案的反提案。

如果有两个以上的动议都是反对主提案的，那么议会应首先单独或分别做出决定哪个动议应作为主投票中的反提案。

投票以公开的方式进行。除非《政府组织法》或本法另有规定，根据《政府组织法》第四章第七条的规定，获得半数以上投票支持的提案成为议会决定。议长应宣布投票表决结果，并以击槌表示正式确认。

补充条款 11.10.1

投票在事先确定的时间点或在预先通知后进行。

投票表决时，议长应拟定一提案以供投票表决。如根据第十四条在某些特别情况下需要适用特别的程序规则，应在提付表决的提案上加以注明。应宣读提付表决的议案并提交大会同意。

投票应以电子计票的方式进行，或者——如不能这样——以唱名投票方式进行。

补充条款 11.10.2

投票以电子计票方式进行时，应记录每个成员的投票经过。

补充条款 11.10.3

以唱名法进行表决时，议长应召请两名议员记录投票的结果。唱名应从副议长开始，然后按照议会大厅的席位编号依次进行。回答必须是以下回答中的一种："同意"、"不同意"或"弃权"。投票时，每个成员的投票要予记录。

补充条款 11.10.4

如果议长觉得可以，投票也可以议员在其座位上起立的方式进行。如果这种投票的结果不明确，或者某个议员要求统计票数，应通过电子计票重新进行投票，或通过唱名法投票。

补充条款 11.10.5

以起立法进行表决时，议长应首先请对议案投"同意"票的议员起立，然后再请对议案投"不同意"票的议员起立。

第十一条 在确定哪一项动议作为表决时的反提案时，如果票数相等，以抽签的方式决定结果。

第十二条 如果主要的分项表决中出现票数相等，应将该事项整体进行讨论，并进行新的投票以做出决定。

如果第二次投票再次出现票数相等，议长应建议议会将议项退回常设委员会作进一步的审议。如果至少有半数的议员对议长的建议投赞成票，该议项必须被退回。如果决定不将该议项退回委员会，应采用抽签法确定议会的意见。

被退回的议项应再次整体提交议会重新进行表决。如果对主要分项的表决票数再次相等，应以抽签的方式决定该事务。

第十三条 如果一立法事项被分成两次或两次以上进行分项表决，议会在最后一次分项表决后可以根据议长或某位议员的提议立即决定将原案退回委员会复议。如果议会做出原案退回的决定，各分项表决的结果即行无效。

同一事务依照本条规定退回委员会复议不能超过一次。

第十四条 如果有多项提议提交表决，它们另有一般决议适用程序之外的其他适用程序，议会大会应首先按一般通行规则从中选择一个提议。随后按照该提议所适用的程序决定接受或者拒绝该提议。这一程序即便是在以下情况下也适用：存在好几项相互冲突的立法草案措施，和一项根据《政府组织法》第二章第二十二条第一段之规定提出将其中一项草案搁置至少十二个月的动议。

如果同时有两个以上的动议提出对同一事涉基本法并被搁置超过了选举有效期的事务举行全民公决，或要求对同一大臣宣布不信任，只能将其中的一项动议交付表决。

议案表决的时间

第十五条 一事项应在其提出时的选举有效期内表决。但议会可决定将一事务的审议推迟到下一个选举有效期的议会第一次会议上。

与下一财政年度中央政府预算有关的事项，如不能推迟决议而不影响中央政府预算的通过，应在该预算年度开始之前对其做出决定。

补充条款 11.15.1

将一项事务的审议推迟到下一届议会的第一次会议的决定由议会根据相关常设委员会的建议做出。议会也可在未获此种建议的条件下做出推迟审议的决定。

第十六条 在议会非会议期间——而且这种状况一直要持续到下一届议会的第一次会议——提出的议案应被视为延迟到下一届议会第一次会议审议。由于议长要求举行特别选举而致议会处于非会议期间的提议事务适用同样的原则。

第十七条 对于根据《政府组织法》第八章第十四—十七条规定在跨选举期间被搁置的事务，应在新议会的第一次会议上表决，在此会上，只要该事务尚未被否决，可以根据（《政府组织法》的）这些规定对其做出最终决定。议会可以决定将表决推迟到另一次议会会议。但该事务必须在下一次议会正常选举之前最后表决。

在由于特别选举而出现表决延迟的情形下，将适用《政府组织法》第八章第十六条第一段的规定。

如果一项在跨选举期内被搁置的要求对基本法做修订的提议，或其他任何应根据同一程序做出的决定在一次全民公决中被否决，相关常设委员会应将事务通报大会。

补充条款 11.17.1

有关推迟对本条第一段所述跨选举期事务进行最后表决的决定应根据相关常设委员会建议做出。

举行特别会议讨论某一被推迟审议的事项的决定,必须根据分管该事务的委员会或议长的提议做出。议长会议应就此事进行磋商。

特定议案的特别程序

第十八条 除议会另有法律规定外,有关中央政府预算的决定应按照本条第2—5段的规定做出。

第一阶段做出单一决定以确定:

1. 中央政府预算的岁入估计;
2. 每一开支领域可能的最高开支减少数字(开支限制);
3. 影响政府借贷需求的其他支付估计;
4. 与议会决定的预算政策目标有关的决定。

在做出第三段的决定后,要做出第二阶段的单一决定以确定每一开支领域的拨款以及资金承付授权。

中央政府预算的修订以单一决定的方式做出。只有非常广泛的修订才按照第三和第四段的规定分两个阶段做出。

补充条款 11.18.1

在做出第十八条第三段的决定时,要确定此后第二和第三预算年度的收入和开支限额。

第十九条 可以根据《政府组织法》第二章第二十二条第一段之规定,在议会常设委员会有关一法律草案的报告已经讨论过后,提出要求该法律草案搁置至少十二个月的动议。

如果一项第一段所述的动议和一项要求拒绝该提议的动议同时被提出,那么应在将该提议提交投票批准之前,先考虑拒绝该提议的动议。

补充条款 11.19.1

一项要求将一法律草案搁置至少十二个月的动议应以书面形式提出。

补充条款 11.19.2

如果一项要求将一法律草案搁置至少十二个月的动议已被提出且在投票时未能获直接批准所需的必要多数,如法律委员会未曾就该事务发表意见,应根据《政府组织法》第二章第二十二条第三段之规定将该提案提交法律委员会审核。

如法律委员会已经宣布了适用程序,议会应重新考虑是否立即拒绝或批准该提议。在任何其他情形下,该提案应退回负责准备该提案的常设委员会。

第二十条　一项根据《政府组织法》第二章第二十二条第一段之规定已被搁置至少十二个月的法律草案应在随后的历年结束前予以审核。

如果另一项法律草案与本条款第一段所述处于搁置状态的立法条款密切相关,议会可根据相关专业委员会的建议,决定在对搁置状态法律草案的适用审核时间范围内对前者进行表决。

如由于议会特别选举致本条所述提案不能在规定时间内表决,应在新选举出的议会召集后尽快表决。

议会决定的传达

第二十一条　如议会决议要求执行行动,应以书面通知的形式告知负责执行决定的机构。议会所做出的有关政府议案或提案的决议必须以书面形式通知政府或提出该提案的议会机构。

议会应以书面形式通知欧洲议会、欧洲理事会和欧盟委员会主席其决定,对有关主权独立原则的事务问题提出合理的意见。

根据第九章第二十条第三段之规定,议会应以书面形式通知欧洲理事会和欧盟委员会主席其拒绝一项提议或建议的决定。

补充条款 11.21.1

议会的书面通知由议长签署。

第十二章 议会的选举

本章内容

第一条 本章包括以下条款内容：

——选举的条件和资格（第二—五条）；

——选举的形式（第六—十条）；

——申诉（第十一、十二条）；

——议员服务期终止后的情况（第十三—十五条）；

——议会常设委员会以及议会其他机构的选举（第十六、十七条）。

选举的条件和资格

第二条 除另有规定外，议会选举由一个特别的提名委员会负责筹备，提名委员会从议会议员中任命。

补充条款 12.2.1

提名委员会不负责下列选举：摄政、副摄政、临时摄政人选、议长或副议长。提名委员会也不负责任何根据本法由特定程序组织的选举。

补充条款 12.2.2

提名委员会应在被议长任命的当天召开第一次会议。委员会以后的会议均由委员会主席召集。

第七章第十六条、补充条款 7.15.1 第二段和 7.15.2—7.15.4 之规定也适用于提名委员会。

第三条 只有瑞典公民才能经议会选举而在议会中任职。

第四条 未经议会许可，被选举而在议会任职的个人不得离职。

第五条 除另有法律规定者外，与议会选举有效期相应时期有关的选举应在选举有效期开始后尽快进行，其有效期持续到下一个议会选举有效期的新的选举为止。

选举的形式

第六条 凡有明确规定应单独选举的特定职务，其选举须以口头表决的方式进行。

但是，如果有一名议员提出要求，该选举则应以秘密投票方式进行。如应选人数只有一人，除本法另有规定者外，获得最多票数者当选。在出现得票数相同的情况下，由抽签结果决定。有关秘密选举程序的规定见补充条款。

如负责筹备选举的机构或团体一致提议，该秘密投票选举不得在随后的会议之前举行。

第七条 在应选名额为两人或两人以上的选举中，提名委员会可提出一份一致名单。该名单应尽可能包括与应选人数等额的候选人名字，并获得提名委员会会议参会成员的一致通过，或除一名成员之外其余成员的一致通过。议长应将上述候选人名单提付表决，如果通过，应即宣布名单上的候选人当选。

如一定数量——至少应等于有投票权的议员总数除以应选人数所得的商数加1；如果这样所得出的不是整数，应把该数上调为整数——的议员提出要求，选举以秘密投票方式进行。该选举应在随后的会议上进行。

第八条 除本章第六条或第七条，或本议会法其他条款另有规定者外，选举应以秘密投票方式进行。

如果以秘密投票选任的人员为两名或两名以上，这些席位应在参加议会的各政党党团间按照特定的选举设计（比例选举）分配。

政党党团间的席位分配应采用将席位逐个分配至政党议会党团的方式，每次分配给拥有最大比较数的党团。一个党的议会党团在未分配到席位之前，其比较数等于它所获得的选票数。此后，其比较数的计算是用该党所获得的选票数除以该党议会党团已分配到的席位数加1。[①]当比较数相

[①] 即比较数＝"获得选票数"／（"已分配席位数"＋1）。——译者注

等时，由抽签决定分配。

补充条款 12.8.1

举行秘密投票选举时，议长应召请三位议员协助揭票与监票，另召请两人记录选举结果。

点名应按补充条款 11.10.3 规定的方式进行。被点到名字的议员应走到议长席前将选票交给议长。

在议长将有效选票全部宣读完毕并由大会书记员和两名计票议员记下结果后，应核对选票记录。

议长确认选举结果后，向大会宣布选举结果。

补充条款 12.8.2

如有多个以秘密投票方式进行的选举，如无任何议员提出异议，议长可以决定将所有选举投完票后再计算单个选举的结果。

补充条款 12.8.3

选票应为单页、密封并无记号。所有选票的大小、材料及颜色均应完全相同。选票应包含所适用选举的相关信息。

标有任何有意的明显识别记号的选票为废票。

任何议员如果在一次选举中呈交的选票超过一张，这些选票为无效票；但如果这些选票内容完全相同，可按一张有效票计算。

补充条款 12.8.4

比例选举所采用的选票应标明议员所属党团。应依党团顺序按编号依次列出候选人的名字。

下列选票为无效票：

1. 不标明候选人所属党派；
2. 同一候选人标注为多个所属党派；
3. 缺少有资格候选人名字。

在下列情况下，一张选票上的名字为无效：

1. 候选人不合选举资格；
2. 该名字被划掉；

3. 不清楚该名字所指何人；

4. 选票上某个名字同另一名字的先后顺序不清。

每个成员所属议会党团的候选人名字之间的先后顺序应通过按照选举法（SFS 2005：837）第十四章第十条所规定的方法计算出的比较数决定。如果出现几个名字比较数相同的情形，由抽签决定选举结果。

补充条款 12.8.5

应选人数为一人的选举，选票上只应有一个名字。

以下选票为无效票：

1. 含有两个或两个以上候选人；

2. 选票上的候选人为没有资格的候选人；

3. 该名字被划掉；

4. 不清楚该名字所指何人；

5. 指定为一个议会党团。

第九条 在举行应选人为多人的选举时，除另有规定外，至少应选举与正式成员同等数目的替补成员。有关正式成员的规定同样也适用于替补成员。

在议会选出某一机构之后，只要替补成员的数量少于正式成员的数量，议会仍可批准改变该机构的替补成员人数。

在代替议员被召行使其职责期间，如果其所代替的议员是一常设委员会的成员，该代替议员可以在不增加该常设委员会替补成员数量的前提下，被任命为该常设委员会的替补成员。在此类情形下，第十四条的相关程序规定仍适用。

补充条款 12.9.1

有关增加超出最初选举数的替补成员的选举事务由提名委员会负责。

增加替补成员所必要的选举应尽快举行。

补充条款 12.9.2

除另有法律规定或特殊决定者外，同等数量替补成员的任命与普通正式成员的任命程序相同。

第十条 如某一议会机构选举产生的成员缺席，除另有法律规定者外，应由同属一个议会党团的替补成员替补其职。如不能如此，则应按当选的时间顺序，或者如选举是按统一名单进行，则按选举名单的先后顺序替补。

申　诉

第十一条 对秘密选举有异议的申诉由议会成员向选举复审委员会提出。任何申诉不影响选举的有效性。

补充条款 12.11.1

申诉应以书面的形式向选举复审委员会提出，但应报送议会行政署。申诉在议会宣布选举结果之日起五天内提交议会行政署。

上述期限届满后，议长应在议会会议上通告所有收到的申诉。议长应决定向选举复审委员会提交有关申诉意见的时间。

提交申诉意见的期限届满后，议长应立即将所有申诉材料移交选举复审委员会。议长还应尽快向选举复审委员会提出其本人对这些申诉的意见。

补充条款 12.11.2

如在对一项申诉的复核中发现选举中出现违反本章第六条第二段或补充条款 12.8.1 至 12.8.5 规定的情形，选举复审委员会可宣布该选举无效，并下令重新进行选举。

但是，只有在有合理的理由认定上述行为影响了选举结果的情形下才可命令重新进行选举。

如果上述失误可以通过重新计票或通过其他一般性措施得以纠正，选举复审委员会应指示议长采取必要的纠正措施。

补充条款 12.11.3

选票和其他与选举有关的材料应妥善保存直至该选举结果生效。

第十二条 如一项选举申诉改变了某次选举结果致使一名新成员获取了职位，如有十名以上的议员提出要求，该届议会此前所举行的选举应重新举行。

议员服务期终止后的情况

第十三条 凡是只能由议员担任的职务，如果任职者脱离议会，或被任命为议长或大臣，除另有法律规定者外，应辞去该职务。

第十四条 如果当选某一机构的成员在其任期未满前辞职，而其在选举有效期任职之初是通过两人以上的选举产生的，其当选时所属的议会党团应将继任者的名字通知议长。议长应宣布该被提名人为当选继任者。如果未通知议长继任者的名字或者通知所包括的名字不止一个，则由议长任命一个继任者。

第十五条 如果某一职务在任期未满之前出现空缺，而其最初的选举又只是涉及一个人，则应举行补缺选举。补缺选举适用最初选举的程序。

议会常设委员会以及议会其他机构的选举

第十六条 除另有规定者外，凡其成员全部或部分由议会选出的机构，应从其成员中选出一名主席以及一名或多名副主席。

第十七条 按照第十六条所进行的一机构内部选举以口头表决方式进行，如有任何成员提出要求，则应以秘密投票方式进行。在出现票数相同的情况下，由抽签决定。

补充条款 12.17.1

所有选票应为单页、密封并无记号，选票大小、材料及颜色均应相同。

第十三章 议会机构和委员会

本章内容

第一条 本章包含以下条款内容：

——议会督察专员（第二—四条）；

——国家审计办公室（第五—八条）；

——外交事务咨询委员会和宣战（第九—十二条）；

——委员会（第十三—十七条）；

——国际组织代表（第十八、十九条）；

——其他由议会选举产生的任命（第二十一—二十三条）；

——起诉（第二十四条）

议会督察专员

第二条 根据《政府组织法》第十三章第六条议会选举督察专员监督法律以及其他公共活动条例的应用。

议会设四名督察专员，包括一名首席议会督察专员和三名议会督察专员。首席议会督察专员行使管理指导者职能，并决定督察专员的主要活动重心。此外议会可以选举一名或多名代理督察专员。代理督察专员应在此前任职过议会督察专员。

补充条款13.2.1

出于自我的主动要求或应议会督察专员的要求，法律委员会应就有关组织机构的工作程序及其他有关事项与议会督察专员磋商。

第三条 议会督察专员和代理督察专员的选举要分别进行。如督察专员以秘密投票方式选举产生，适用选举议长的同样程序。

议会督察专员的任期自其当选之日，或自由议会决定的随后日期起至此后第四年举行新的选举及当选者任职时止。选举有效期绝不超过该年的年底。

代理督察专员的选举有效期为自其当选之日，或自由议会决定的随后日期起的两年。

补充条款13.3.1

法律委员会负责议会督察专员或代理督察专员的选举筹备。

第四条 应法律委员会的建议，议会可解除已失去议会信任的督察专员或代理督察专员的职务。

如某督察专员提前离职,议会应尽快地选出继任者,其任期为四年。

国家审计办公室

第五条 根据《政府组织法》第十三章第八条规定,议会应选举三名总审计长。其中一人为负责管理的总审计长,负责对该机构的管理指导。议会决定哪一位总审计长承担此责。

总审计长不应是未清偿债务的破产人,禁止从事《父母法典》(Parental Code)第十一章第七部分规定的交易或任职行为。总审计长也不能从事任何有可能影响其独立身份的就业、任职,或参与此类活动。

第六条 总审计长的选举分别进行。当总审计长是以秘密投票方式选举产生时,适用第三章第四条第二段所规定的议长选举的相同程序。

总审计长的任期自其当选之日,或自由议会决定的随后日期起至此后第七年举行新的选举及当选者随后就任时为止。其选举有效期不超过那一年的年底。总审计长不得连任。

补充条款 13.6.1

总审计长的选举由法律委员会负责筹备。

补充条款 13.6.2

总审计长应将下述情况以书面形式报告给议会:

1. 任何有关《金融证券交易法》(Financial Instruments Trading Act)(SFS 1991:980)第1章第一部分规定的金融证券交易行为中的所有权改变;

2. 任何与前雇员间的带有财务性质的协议,如有关其在国家审计办公室任职期间薪水、养老金的协议;

3. 任何非临时性的有报酬的雇佣关系;

4. 任何在国家审计办公室的聘用关系之外的独立的产生收入的活动;

5. 任何在市或省政务委员会的非临时性的聘用关系;

6. 任何可能影响其履行职责的其他雇佣、聘用或所有权关系。

第七条 议会可以应法律委员会的要求解除总审计长的职务。

如一总审计长提前离职，议会应尽快选举一名继任者，其任职期为七年。

第八条 议会选举产生当届议会的国家审计办公室议会委员会（Parliamentary Council of the National Audit Office）。

该委员会依第三章第五条办法由每个议会党团一名成员组成。不任命代理成员。

议会从审计委员中选举一名主席、一名或数名副主席，主席及每一副主席的选举均应分别进行。

外交事务咨询委员会和宣战

第九条 根据《政府组织法》第十章第十二条进行的外交事务咨询委员会成员选举，其有效期与议会的选举有效期相同。

在外事咨询委员会中，副议长作为议长的代表。应选举九名代理委员。

第十条 外事咨询委员会的会议秘密举行。首相可以允许一名非委员会成员、代理委员、部长或官员的人员列席委员会会议。

补充条款 13.10.1

外交事务咨询委员会会议记录应予保留。该委员会的秘书由政府任命。

外交事务咨询委员会的会议情况应随时通知代理委员。

补充条款 13.10.2

第一次出席外交事务咨询委员会会议的委员会委员、代理委员或官员应宣誓遵循《政府组织法》第十章第十二条规定的保密义务。

第十一条 根据《政府组织法》第十五章第二条，议会应从其成员中选举产生一个战时代表团。

战时代表团由议长及其他五十名议会从其成员中任命的成员组成，议长任主席，任期和议会的任期相同。战时代表团应根据本法第十二章第十六条规定从其成员中选举一名副主席。议会议员，不论其是否也属于政府内阁成员，均有资格作为战时代表团成员。不任命战时代表团代理成员。

在战时代表团取代议会后，如果一位成员长期不能参加，议会应按照本法第十二章第十四条的规定另外任命一位议员取代其职。

补充条款 13.11.1

战时代表团取代议会后，代表团主席和副主席负责战时代表团的活动。

补充条款 13.11.2

在战时代表团未取代议会之时，本法第七章第十六条、补充条款 7.15.1 第二段和 7.15.3—7.15.4 的条款规定适用于战时代表团。

第十二条 应议长，或在议长缺席情况下应副议长之要求，或应其他两名外交事务咨询委员会成员之请，外交事务咨询委员会应召集会议，根据《政府组织法》第十五章第二条决定由战时代表团取代议会。

上述会议应由议长或一名副议长主持，议长与副议长都缺席时，由出席人员中最资深的议员主持。表决时如果赞成票与反对票的票数相同，则以主席的意见作为决定。

委员会

第十三条 议会应建立选举复审委员会，并按照《政府组织法》第三章第十二条之规定选举该委员会主席和委员。

议会应通过一次单独的选举任命一位代理主席。《政府组织法》第三章第十二条中有关该委员会主席的规定同样也适用于代理主席。

在以秘密投票方式选举主席或代理主席时，适用第三章第四条第二段所规定的选举议长的相同程序。

第十四条 部长薪金委员会（Ministerial Remunerations Board）由一名主席和另外两名成员组成。他们由议会在每次正常的议会选举之后分别选举产生，任期至新的委员会选举之时。不任命代理委员。

如果一成员因病或因任何其他原因不能履行其义务，议会应选举一名代替人履行其职，直至该成员能够履行其义务为止。

补充条款 13.14.1

部长薪金委员会成员的选举由法律委员会负责筹备。

第十五条 议会薪金委员会（Riksdag Remunerations Board）由一名主席和另外两名成员组成。他们由议会在每次正常的议会选举之后选举产生，任期至新的委员会选举之时。

补充条款 13.15.1

议会薪金委员会成员的选举由法律委员会负责筹备。

第十六条 议会督察专员和总审计长薪金委员会（Board for the Remuneration of the Parliamentary Ombudsmen and the Auditors General）由一名主席和另外两名成员组成。他们由议会分别选举产生，任期至新的委员会选举之时。不任命代理委员。

如果委员会一成员因病或因任何其他原因不能履行其义务，议会应选举一名代替人履行其职，直至该成员能够履行其义务为止。

补充条款 13.16.1

议会督察专员和总审计长薪金委员会成员的选举由法律委员会负责筹备。

第十七条 议会申诉委员会（Riksdag Appeals Board）由主席一人和其他四名成员组成。主席应为现任或曾任终身法官并且非议员，其他成员则由议会从议员中选举产生。主席的选举单独进行。申诉委员会的选举有效期与议会有效期相同。

应有一个代理主席。适用主席的条款同样也适用于代理主席。

在以秘密投票方式选举主席和代理主席时，应适用第三章第四条第二段规定的议长选举的同样程序。

国际组织代表

第十八条 如按国际协定瑞典议会应从其成员中组织代表团委派至一国际组织，相关的规则由本条补充条款规定。

补充条款 13.18.1

议会每年选举二十名成员组成参加北欧理事会（Nordic Council）的瑞典代表团。其选举在每年的议会新会期开始后进行，任期至新的代表团选举出来。

代表团应每年向议会报告其活动。

补充条款 13.18.2

议会选举六名成员组成参加欧洲理事会议会（Parliamentary Assembly of the Council of Europe）的瑞典代表团。该代表团的选举有效期为从举行议会选举当年的 11 月 1 日至下一次选举后的相同日期。

如该代表团的一成员随议会选举失去议员资格，他或她可继续保留代表团成员资格直至该代表团任期结束。

代表团应每年向议会报告其活动。

补充条款 13.18.3

议会选举八名成员组成参加欧洲安全与合作组织（Organization for Security and Cooperation in Europe，OSCE）的瑞典代表团。该代表团的选举有效期为议会有效期。

代表团应每年向议会报告其活动。

第十九条 政党议会党团提名参加各国议会联盟（Interparliamentary Union）和地中海议会联盟（Parliamentary Assembly of the Union for the Mediterranean）的代表团成员。

议长在与各议会党团领袖磋商后决定这些代表团的构成。

该决定的有效期由议长确定。

其他由议会选举产生的任命

第二十条 在依据《政府组织法》第五章第五条和第七条以秘密投票方式选举摄政、副摄政或临时摄政人选时，应适用本法第三章第四条第二段所规定的议长选举的相同程序。在议会另行决定之前，该选举结果一直有效。

第二十一条 根据《政府组织法》第九章第十三条进行的瑞典银行总

理事会（General Council of the Riksbank）成员的当选有效期和议会的当选有效期相同。

补充条款 13.21.1

瑞典银行总理事会成员不能为下列人员：

1. 政府部长；

2. 瑞典银行执行委员会成员；

3. 商业银行或其他受金融监管机构监管企业的董事会成员或代理董事会成员；

4. 拥有其他会致使其不适宜任职总理事会成员的雇佣或聘用关系。

总理事会成员也不应是未成年人、未清偿债务的破产人，禁止从事《父母法典》第 11 章第 7 部分规定的交易或任职行为。

如一成员接受任何可能与第一段所述规则冲突的雇佣和任职，议会应根据财政委员会的建议免除其在总理事会的任职。总理事会成员接受的任何雇佣或任职均应向议会报告。

第二十二条 议会从议员中任命参与负责准备欧盟条约修订代表大会的成员和其替补成员。如在代表大会商议期间进行了议会选举，议会应该选举新的参加代表大会的成员和替补成员。除此之外，第三章第五条和第十二章第六—八条和十一条的规定适用于代表大会成员的选举，第十二章第十条之规定适用于其替补成员的选举。

代表大会成员应将代表大会讨论的情况报告给议会。

第二十三条 议会可以制定有关议会所属机构及在特殊情况下任命代表的更为详细的规定条款。

补充条款 13.23.1

议会决定瑞典三百周年基金会（Riksdag Tercentenary Foundation）的相关法律条款，并根据基金会法律条文（RFS 1988：1）第 3 条选举十二名董事会成员。

该基金会应每年向议会报告其活动。

补充条款 13.23.2

根据终身法官任命法案（2010：1390）第 4 部分规定，议会选举两名成员作为法官建议委员会（Judges Proposals Board）的公众代表和一人作为他们每个人的个人替补。

起 诉

第二十四条 对于下列官员在履行职务或执行公务时的违法行为，应按下列规定提起法律诉讼：

1. 对瑞典银行总理事会成员或瑞典银行执行委员会成员的诉讼只能由财政委员会提起；

2. 对议长会议成员、选举复审委员会委员或议会上诉委员会委员、议会督察专员、总审计长以及议会秘书长的诉讼只能由法律委员会提起。

第一段有关对瑞典银行执行委员会成员起诉的规定不得适用于依照《外汇暨信贷管理法》（Act on Exchange Control and Regulation of Credit）（SFS 1992：1602）行使瑞典银行决策权过程中所犯的错误。

第十四章 议会行政署

本章内容

第一条 本章包含以下内容条款
——议会行政署（第二、三条）；
——议会行政署的管理（第四—七条）；
——申诉（第八条）

议会行政署

第二条 议会行政署对大会、议会各常设委员会和欧盟事务委员会的工作提供支持，并通过为议员和议会机构提供确凿信息等方式支持其在议会工作。

此外，在议会及议会机构方面和根据议会决定，议会行政署履行以下职责：

1. 负责与议会工会组织进行集中谈判，并在此类争议中代表议会权力机构；

2. 草拟要求中央政府预算拨款的提案，但不包括国家审计办公室；

3. 处理与议会一般行政管理有关的问题，以及有关瑞典银行之外的议会机构的财务管理问题；

4. 批准与第1—3款相关问题的规章制度和提议。

补充条款14.2.1

议会各常设委员会以及欧盟事务委员会均配秘书协助工作，秘书是议会行政署的一部分。

首席秘书应是瑞典公民。

第三条 议会决定对议会行政署的指令。

议会行政署的管理

第四条 议会秘书长为议会行政署首脑，其职责是确保会议的记录保存，发布议会的决议，是战时代表团的秘书，并在其他方面协助议长处理议会的事务。

第五条 议会秘书长由议会选举产生。选举在议会正常大选后召开的第一次会议上进行。其任期从选举之时，或从议会决定的其他之时起至举行新的秘书长选举和其上任时为止。

秘书长选举如以秘密投票方式进行，候选人获得四分之三及以上投票支持为当选。如没有人获得该多数票，要举行新的选举。如依然没有人获得四分之三的支持，则要再次选举。

补充条款14.5.1

议会秘书长的选举由一个由议长和议会党团领袖组成的小组负责准备。

第六条 议会秘书长严重失职，应议长会议的要求，议会可免除其职。

第七条 议会秘书长缺任时期，议会应选举一人出任秘书长，直至正常的秘书长选举产生并就任为止。

申 诉

第八条 对议会所属机构关于行政事务的决定可以根据特别条款提出上诉，如经议会决定，对所诉议会机构决定的复议可由一行政法院负责，否则由议会申诉委员会负责。

1. 本法 2014 年 9 月 1 日施行，届时原《议会法》（1974：153）[①] 将废止。
2. 如一项法律或其他法规引用了已被本法条款取代了的原议会法条款，将使用新法条款。
3. 依照原议会法表述并将在本法施行后适用的规则应视同为本法的表述。
4. 依照原议会法做出的决定应视同为依照本法的决定。
5. 依照原议会法进行的选举应视同为依照本法的选举。
6. 2014 年 9 月 1 日前提出但尚未处理的事物应按照本法处理。

附录（补充条款 7.5.1）

1. 法律委员会负责以下方面的事务：
（1）法律以及一般行政事务立法；
（2）有关广播、电视和电影的立法；
（3）表达及公共舆论的自由，信仰自由；
（4）对媒体和政党的财政支持；
（5）国家审计办公室，关于总审计长的选举、免职和起诉；
（6）议会及除瑞典银行以外的议会一般权力机构；
（7）省行政管理及将省分成行政管理单位；

[①] 以下简称"原议会法"。——译者注

（8）地方自治；

（9）议会对起诉议员的认可或干预议员的个人自由；

（10）开支类别1下的管理拨款。

2. 财政委员会负责以下方面的事务：

（1）财政、信贷、货币及中央政府的债务政策；

（2）信贷和金融市场；

（3）商业保险市场；

（4）有关国家审计办公室的非属于法律委员会处置的事项；

（5）地方政府财政；

（6）政府作为雇主的事务，国家统计、会计、审计和行政管理效率；

（7）政府财产和一般公共采购；

（8）其他仅与特定领域事项有关的管理财政问题；

（9）技术性质的预算问题；

（10）以下开支类别的拨款：2 经济和财政管理，25 地方政府综合财政拨款，26 中央政府债务等利息，27 欧盟缴费。

3. 税务委员会负责以下方面的事务：

（1）税收估价和税收征集；

（2）人口注册；

（3）执行服务；

（4）开支类别3下的税收、关税和执行拨款。

4. 司法委员会负责以下方面的事务：

（1）法院；

（2）租赁和租金裁判庭；

（3）公共起诉服务；

（4）警察服务；

（5）法医学鉴定；

（6）管教体系；

（7）刑法典，司法程序法典，以及取代或与这些法典密切相关的法律行动；

（8）开支类别4下的司法拨款。

5. 公民事务委员会负责以下方面的事务：

（1）婚姻、父母监护、继承、商业、土地和执行法典，以及废止或与这些法典条款密切相关、且不属于其他委员会负责范围的法律行为；

（2）保险合同法；

（3）公司和社团法律；

（4）侵权行为法；

（5）交通法；

（6）破产法；

（7）消费政策；

（8）国际私法；

（9）其他属于一般私法性质的事务立法；

（10）住房政策；

（11）水权；

（12）土地发展计划；

（13）建筑；

（14）物质规划；

（15）征收，财产单位和土地调查的编制；

（16）开支类别8下的社区规划、住房提供、建筑和消费政策拨款。

6. 外交事务委员会负责以下方面的事务：

（1）瑞典王国与其他政府及国际组织的关系和协定；

（2）对其他国家的发展援助；

（3）其他外交和国际经济合作；

（4）开支类别5下的国际合作、类别7下的国际发展合作拨款。

7. 国防委员会负责以下方面的事务：

（1）军事防务和民防；

（2）紧急救援服务；

（3）降低社会受攻击性措施；

（4）核安全与防止辐射；

（5）海上救援与海岸警卫队服务；

（6）开支类别6下的国防及突发事件措施拨款。

8. 社会保险委员会负责以下方面的事务：

（1）国民保险；

（2）国民养老金；

（3）工伤保险；

（4）抚养儿童家庭财政支持；

（5）瑞典公民资格；

（6）移民；

（7）以下开支类别的拨款：8 移民，10 病残财政保障，11 老人财政保障，12 家庭和儿童财政保障。

9. 卫生和福利委员会负责以下方面的事务：

（1）未划入其他常设委员会负责范围内的儿童和青年社会福利服务；

（2）老人和残疾人照顾与福利；

（3）抵制毒品和酗酒措施，其他社会服务问题；

（4）酒政策措施；

（5）卫生和医疗；

（6）社会福利一般问题；

（7）开支类别9下的卫生和医疗、社会服务拨款。

10. 文化事务委员会负责以下方面的事务：

（1）一般文化和教育行动；

（2）国民教育；

（3）青年活动；

（4）国际文化合作；

（5）体育和户外运动；

（6）不属于法律委员会负责的宗教社团事务；

（7）不属于法律委员会负责的广播和电视事务；

（8）开支类别17下的文化、媒体、宗教社团拨款。

11. 教育委员会负责以下方面的事务：

（1）学校体系，特殊教育和其他教育活动；

（2）高等教育和研究；

（3）助学；

（4）以下开支类别的拨款：15 助学，16 教育和学术研究。

12. 交通运输委员会负责以下方面的事务：

（1）道路和道路交通；

（2）铁路和铁路交通；

（3）港口和船运；

（4）机场和民用航空；

（5）邮政服务；

（6）电子通讯；

（7）信息产业政策；

（8）开支类别22下的交通运输拨款。

13. 环境和农业委员会负责以下方面的事务：

（1）农业，林业，园艺，渔猎；

（2）气象服务；

（3）自然保护；

（4）非属于其他常设委员会的其他环境保护问题；

（5）以下开支类别的拨款：20 一般环境保护和自然保护，23 农业科学、乡村和食品。

14. 工业贸易委员会负责以下方面的事务：

（1）工业和贸易政策的一般指导原则及相关的研究问题；

（2）工业和手工业；

（3）贸易；

（4）知识产权法律；

（5）能源政策；

（6）地区发展政策；

（7）国有企业；

（8）工商领域的价格和竞争环境；

（9）以下开支类别的拨款：19 地区发展，21 能源，24 工业和贸易。

15. 劳动市场委员会负责以下方面的事务：

（1）劳动市场政策；

（2）工作时间政策，包括劳动法；

（3）平等待遇；

（4）不属于其他常设委员会负责的抵制歧视措施；

（5）不属于其他常设委员会负责的男女平等问题；

（6）以下开支类别的拨款：13 平等待遇和性别平等，14 劳动市场和工作时间。

（原文出自：http://www.riksdagen.se/en/Documents-and-laws/。）

（林德山 译）

选举法[1]

第一部分 一般条款

第一章 条款介绍

第一条 本法包括瑞典国家议会、市及省议会以及欧洲议会选举执行的条款。

《政府组织法》包含了有关选举的一些基本条款。

本法分为以下内容：

第一部分 一般条款

第一章 条款介绍

第二章 政党和政党候选人

第三章 选举机构

第四章 选区及选举区域等

第五章 选民名册和投票卡

第六章 选票和信封

第二部分 选举的执行

第七章 投票的一般条款

第八章 投票接待的一般条款

---

[1] 本法根据瑞典 2005 年选举法英文版 [The Elections Act (2005:837)] 翻译，个别不影响内容表述的条文有缩减。

第九章　投票站的投票接受

第十章　专门投票点的投票接受

第三部分　计票

第十一章　投票站的初步计算

第十二章　选举委员会的计票

第十三章　最终计票

第四部分　席位的分配

第十四章　席位的分配

第五部分　最后条款

第十五章　申诉

选举何时进行

第二条　选举始终在一个星期天进行。

第三条　国家议会的一般选举和市及省议会的一般选举应在同一天进行。选举日应为九月的第三个星期日。欧洲议会的选举应在每五年的六月进行。

如出现重新选举，由政府决定选举日期。如一省议会或市立法会议出现重新选举，由中央选举事务管理局（Central Election Authority）在与省行政委员会商议后决定选举日期。

如出现根据《政府组织法》第三章第四条举行的特别选举①，由政府决定选举日期。

如出现根据《政府组织法》第六章第三条举行的特别选举②，由议长在与中央选举事务管理局磋商后决定选举日期。

---

① 按照本书编译的《政府组织法》版本，为第三章第十一条，即"政府可以决定在两次正常选举之间举行议会的特别选举。"——译者注

② 按照本书编译的《政府组织法》版本，为第六章第五条，即议会四次否决议长的政府首相提名后应举行特别选举。——译者注

关于欧洲议会选举的特别条款

第四条 每个有国家议会选举投票资格的人也有欧洲议会选举的投票资格。

任何有参加瑞典市和省议会投票资格的欧盟成员国公民，如其未在欧盟其他成员国参加欧洲议会的投票，有资格参加瑞典的欧洲议会选举投票。

第五条 每个按照第四条有投票资格的人都有欧洲议会被选举的资格。但欧盟其他成员国的公民只有在其符合根据本法第二章第十一条所进一步规定的前提条件，即证明他们在本国不属于欧洲议会无被选举资格者后，才能有被选举资格。

第六条 欧洲议会成员分配时，以下任职人员不得同时任职欧洲议会议员：

1. 国家议会议员；

2. 成员国政府成员；

3. 欧盟委员会委员；

4. 欧共体法院或初审法院的法官、法官助理或注册官；

5. 欧洲中央银行执行委员会成员；

6. 欧洲审计院（European Court of Auditors）成员；

7. 欧盟的监察专员；

8. 欧共体以及欧洲原子能联营经济和社会委员会成员；

9. 根据欧洲共同体及欧洲原子能联营条约被任命为管理共同体基金和具有长期直接的行政管理功能的此类委员会和其他机构成员；

10. 欧洲投资银行董事会、执行委员会的委员或雇员；

11. 在欧洲共同体或与之有密切关系的机构，或与欧洲中央银行有密切关系的机构内服务的重要任职官员或雇员。

第二章 政党和政党候选人

政党名称注册

第一条 一个希望注册名称的政党应将其有关于此的书面通知提交给中央选举事务管理局。如果该通知在选举当年二月的最后一天之前提出，该注册名称一直适用至选举，包括该次选举。

如果涉及除国家议会一般选举、市政和省议会一般选举以及欧洲议会选举之外的其他选举，注册通知应在选举日确定公布后的一周内提出，适用至本次选举，包括该次选举。

第二条 通知应表示相关选举的类型。如涉及省或市立法会议，应说明相关的省或市。

该党还应随通知提供第四条所要求的声明，或业经公证的声明证明。

第三条 如果满足下列条件，一个政党的名称应予以注册：

1. 该党的名称应是字词或包含字词；

2. 如果一个党在其注册通知所涉及的决策立法会议中尚没有代表，它至少应得到下列可证明的支持：

1）参加全国议会选举：在全瑞典有 1500 名有投票资格的选民支持；

2）参加省议会或市立法会议选举：在所在省或市分别得到 100 名和 50 名有投票资格的选民支持；

3）参加欧洲议会选举：在全瑞典有 1500 名有投票资格的选民支持。

3. 政党的名称注册不能与下列已有名称混淆：

1）已注册名称；

2）已通知注册并可能在同一次选举中注册。

4. 政党拟注册名称不能与一个此前在同类选举中注册过，但由于名称改变而已在至少五年前取消注册的名称混淆。

第四条 那些按照第三条第 2 款支持一项注册通知的人应亲自签署一项支持声明。该声明应说明他们的名字和个人身份证号，以及他们登记的居住地。

第五条 如果一个政党名称在一次全国议会选举中注册了,该注册名称也适用于在全瑞典的市政和省议会的选举,也适用于欧洲议会的选举。如果注册与市立法会议相关,它应适用于省议会的选举以及在该省区域内的市中的市立法会议选举。在其他情形下,注册仅适用于注册通知所指的选举。

第六条 如果一个已注册名称的政党同意,另一个政党可以在下列选举中使用同一名称注册:

1. 在一国会选举中注册,即便该名称已经在一省议会或市立法会议的选举中注册过了;

2. 在一市立法会议选举中注册,即便该名称已在该省辖区内的一市立法会议选举中注册过了。

第七条 如出现下列情况,一个已注册过的政党名称应被取消注册:

1. 提出如此要求;

2. 连续两届国家议会大选、省议会或市立法会议选举以及欧洲议会选举未提出候选人。

第八条 一个政党名称被注册或被取消注册时,中央选举事务管理局应在《瑞典官方公报》(Post och Inrikes Tidningar)上予以公示。

候选人公示

第九条 一个希望将其所有候选人公示的政党应将书面公示递交中央选举事务管理局,或者如系由政府决定,提交给省行政委员会。

政党应随同公示提交每个候选人签署的同意公示的说明。

第十条 一份候选人公示应涉及以下内容:

1. 参加议会选举,应明确参选的特定的选区;

2. 参加市或省议会,应明确参选的市或省;

3. 参加欧洲议会选举,应明确是在整个瑞典。

第十一条 非瑞典籍的欧盟公民如欲作为欧洲议会候选人,应向中央

选举事务管理局亲笔签署一份保证书:

1. 说明其国籍和在瑞典的地址;
2. 说明在其母国最近一次选举中注册的选区或地区;
3. 声明他们非欧盟其他成员国的欧洲议会候选人。

欧盟公民应随同保证书递交一份由其母国的相关机构出示的证明,证明他或她在当地非属于无被选举资格,或该机构认为该人没有不够资格的理由。一欧盟公民宣布希望参加欧洲议会选举的公示应寄送该公民所在国家的选举机构。

第十二条 如政党并未出示已收到一候选人同意将其名字公示的证明,有关该候选人的公示将不被认可。一位候选人如未能按照第十一条第二段要求提供证明,他或她将不能参选。如果此候选人被公示参加选举,该公示将属无效。

第十三条 中央选举事务管理局应在每次选举之前:

1. 决定候选人最迟何时被公示,并将这一决定公布在《瑞典官方公报》上;
2. 通知每一个已经注册的政党该日期;
3. 决定第十一条所述的保证书何时递送。

第三章 选举机构

选举机构

第一条 中央选举事务管理局总体负责选举事务。

第二条 省行政委员会是地区选举的权力机构,它负责省的选举事务。

第三条 每一个市应有一个选举委员会,它作为地方选举机构负责市范围内的有关选举事务。

第四章第二十条规定市应确保在每一个选区有一个投票站。

在全国选举中,每个市也负责在本市范围内选举地点的便利,包括开放时间、地方及便利到达，并为选民提供良好的投票环境。

如果一个市认为出于特别的理由拟将一个不能满足便利性要求的地点作为选举投票预设点，应将该事务报告给省行政委员会。该市应说明为什么没有其他的可作为替代选择的投票站以及在选举之前市打算采取什么补救措施。省行政委员会应随后做出决定是否将该存有疑问的地方作为选举的预设点。

投票工作人员

第四条 在每一个投票接待点都应有能够满足投票顺利进行所必须的工作人员。

每一个选区至少应有四名投票工作人员，其中一人作为主席，一人为替补主席。投票接待工作中，至少应有三名工作人员在投票站，其中一人为主席或替补主席。

第五条 投票工作人员应由选举委员会任命。但负有外交使命的投票点的投票工作人员应由权力机关首脑任命。如选举委员会认为投票接待应在一医院、刑法执行机构、拘留所或类似的机构进行，该委员会可以允许由这些机构首脑任命投票工作人员。

每一个有资格参加选举委员会成员选举的人都有义务接受作为选区投票工作人员的任命，除非他们有正当的推辞理由。

乡村邮递员

第六条 在选举中，Posten AB[①]应通过该公司雇佣的邮递人员根据第七章的相关规定为选举提供帮助。

在不涉及瑞典全国的选举中，中央选举事务管理局可以限制 Posten AB 根据第一段应尽的责任。

---

① 瑞典一家从事乡村邮政的公司，20世纪90年代转为由政府拥有的有限公司。2009年它与丹麦的一家相应的邮政公司 Post Danmark A/S 合并组成了现在的 PostNord AB。——译者注

第四章 选区及选举区域等

选 区

第一条 在瑞典议会选举、省议会以及市立法会议选举中，应对选举相关区域（选区）可作为决策机构的立法议会成员者作出地理上的资格界定。瑞典作为一个单一选区参加欧洲议会选举。

除另有规定者外，在一次选举中适用本章要求时，应根据截至选举当年3月1日瑞典税务局（Swedish Tax Agency）按照有关个人数据处理程序的相关法律（Act on the Processing of Personal Data, 2001：182）进行的人口登记数据库的信息，对有资格投票的人数作出估计。

瑞典议会选举

第二条 在瑞典议会选举中，瑞典被划分为以下选区：（略）①

第三条 中央选举事务管理局应在即将举行大选之年的4月30日之前决定每个选区应有的固定席位数量。该事务应按以下方式进行：

每个选区有投票资格人数达到瑞典全国有投票资格人口总数1/31的选区每次选举应有一个固定席位。

除非按照这种方式所有的固定席位分完，应按照计算多余票数的方式将余下的席位分配至选区。如果两个或多个选区的多余票数相等，则以抽签决定席位。

第四条 省或市边界作出变更，如该变更决定会影响到固定选区席位的数量、且该决定在一次已举行的大选之年的下一年1月1日开始生效，那么在此次大选中应从作出该决定之日起考虑这种变更。

---

① 全国共分为29个选区，其中三个为单一的市选区，即斯德哥尔摩市选区、马尔默市（Malmö）选区、哥德堡市（Göteborg）选区，斯科讷省（Skåne）分为三个选区（西部选区、南部选区、北部和东部选区），西约塔兰德省（Västra Götaland）分为四个选区（西部选区、北部选区、南部选区、东部选区），其他均为单一的省选区，具体的名单从略。——译者注

省议会选举

第五条 省议会选举中，省被划分为选区。除第六条第二段另有规定者外，一个选区应包括一个或多个市。

第六条 一个选区应按照估计至少有八个固定席位组成。它应该有连续的边界线。

一个市的一部分可与另一个市、另一市的一部分或几部分一起组成一个选区，只要该选区无法以其他方式获得八个固定席位。如果能够以此更适当地组成多个选区，也可将一个市分为两个或多个选区。

第七条 如果一个市在省议会选举中被分为两个或多个选区，而该市在市立法会议选举中也要划分为不同选区，那么省议会选举中的选区界限应与市立法会议选举中的选区界限一致。

第八条 在省里的市获得表达意见的机会之后，选区的划分由省议会在新的划分第一次适用的选举之年的前一年的10月31日之前决定。决定的生效必须得到省行政委员会的批准。

如必要，政府或决定瑞典省或市划分变更的机构可以决定，有关选区划分的决定可以在上述第一段规定时间之后作出。

第九条 省议会的席位包括固定席位和调整席位。

十分之九的席位为固定席位。在计算固定席位时，如该数字不是整数，应将数字下调为最接近的整数。剩余的席位为调整席位。

第十条 省行政委员会应在大选年的4月30日之前决定每个选区有多少固定席位。它以以下方式确定：

用该省境内有资格投票的总人数除以固定席位数，然后用每个选区有资格投票的人数除以用这一计算方法所得出的数值。每次选区有投票资格的人数能够用这一数值除尽，该选区即获得一个固定席位。

除非按照这种方式所有的席位分完，应根据各选区按这种计算方式计算出现的多余票数的多少分配余下的席位。如果两个或多个选区的多余票数相等，则以抽签决定席位。

如必要，政府或决定瑞典省或市划分变更的机构可以决定选区划分的决定可以在上述第一段规定时间之后作出。

市立法会议选举

第十一条 市立法会议选举中，除第十二条规定者外，市为唯一选区。

第十二条 如果一个市有投票资格人数超过6000人，该市可以划分为两个或多个选区。如果一个市中有投票资格人数超过24000人，或该市至少51%的市委员要被任命，该市必须划分为两个或多个选区。有投票资格人数少于6000人的市只有在有特殊原因的条件下才能被划分为两个或多个选区。

应根据作出选区划分决定当年截至3月1日瑞典税务局按照有关个人数据处理程序的相关法律（2001：182）进行的人口登记数据库的信息，对有资格投票的人数作出估计。

组成一个选区至少应有15名市立法会议成员。它应有连续的边界，除非出于特别理由按其他方式安排。整个市的市政委员的分配应尽可能平衡。

第十三条 选区的划分由市立法会议在新的划分第一次适用的选举之年的前一年的10月31日之前决定。决定的生效必须得到省行政委员会的批准。

如必要，政府或决定瑞典省或市划分变更的机构可以决定，有关选区划分的决定可以在上述第一段规定时间之后作出。

第十四条 市立法会议的所有席位为固定席位。

如果一个市被划分为几个选区，该省行政委员会应在大选年的4月30日之前决定每个选区应有的固定席位数量。该事务应按以下方式进行：

用该市有资格投票的总人数除以席位数，然后用每个选区有资格投票的人数除以用这一计算方法所得出的数值。每次选区有投票资格的人数能够用这一数值除尽，该选区即获得一个席位。

除非按照这种方式所有的席位分完,应根据各选区按这种计算方式出现的多余票数的多少分配余下的席位。如果两个或多个选区的多余票数相等,则以抽签决定席位。

如必要,政府或决定瑞典省或市划分变更的机构可以决定,有关选区划分的决定可以在上述第二段规定时间之后作出。

第十五条 如果一个选区按照第十四条方法所获得的席位数少于十五个,其席位数依然应为十五个。其他选区的席位数由此要做相应的调整。在此情形下,应在下一次选举之前考虑重新划分选区。

选举区域划分

第十六条 每一个市应划分为地理上的投票地区(选举区域)。

除非有特别理由按其他方式处理,同一地区单位中所有有投票资格的个人都归属于同一个选举区域。

如果该市在市立法会议选举中有多个选区,每一个这类选区由一个或多个选举区域构成。

第十七条 一个选举区域由1000—2000个有投票资格的人组成。如有特殊理由,一个选举区域可以由少于1000个或多于2000个有投票资格者组成。如有特殊理由,一个选举区域还可只由少于300个有资格投票者组成。

省行政委员会在市立法会议的建议下决定市的选举区域划分。市应在即将举行议会大选之年的前一年考虑选举区域的划分。

应要求,省行政委员会可自行决定市的选举区域划分。在省行政委员会作出决定之前,应赋予市立法会议表达意见的机会。

第十八条 省行政委员会关于选举区域划分的决定应在该决定第一次适用之年的前一年12月1日之前作出。如必要,鉴于地区单位的划分变更,也可以在该日期之后作出微小的选举区域划分变更决定。

第十九条 如必要,政府或决定瑞典省或市划分变更的机构可以决定,有关选举区域划分的决定可以在第十八条所述日期之后作出。

投票站

第二十条 每一个市应确保有合适的地点用作投票站，要在地方、便利性和开放时间等方面为选民提供良好的投票机会。

每一个选举区域应有一个投票站。

如果一个市认为出于特别的理由拟将一个不能满足便利性要求的地点作为投票站，应适用第三章第三条最后一段的规定程序。

第二十一条 一个投票站的开放时间为：

1. 欧洲议会选举：8：00—21：00；
2. 其他选举：8：00—20：00。

但如果某个选举区域的选民有足够良好的投票机会，市政可以决定在某个特别的投票站第一段所述的开放时间可以缩短，但在以下选举的时间点，投票站必须总是开放的：

1. 欧洲议会选举：至少在9：00—13：00和17：00—21：00；
2. 其他选举：至少在9：00—13：00和17：00—20：00。

如果市政打算压缩一个投票站的开放时间，该市政应在作出决定前就该事务咨询省行政委员会的意见。市政可以说明为什么尽管有时间限制，选民有足够良好的机会去投票。

决定的公示

第二十二条 中央选举事务管理局根据第三条作出的决定应立即通过在《瑞典官方公报》上公示的方式公开。

省行政委员会根据第八、十、十三、十四和十七条所作出的决定的公示应立即在地方报纸和在《瑞典官方公报》上公示。

第五章 选民名册和投票卡

选民名册

第一条 选举中，中央选举事务管理局应为每个选举区域准备一份该选举中有资格投票者的名单（选民名册）。

选民名册应基于选举日三十天之前的瑞典税务局按照有关个人数据处理程序的相关法律（2001：182）进行的人口登记数据库的信息，以及按照《地区注册法案》（Land Registration Act）（2000：224）的地区注册信息。

第二条 不再在瑞典居住登记的瑞典公民应从其停止人口登记之日起十年内保留在选民名册上。此后，只有在其将其地址书面通知给瑞典税务局——十年一次——的情况下，他们的名字才能包括在选民名册上。

在瑞典议会选举或欧洲议会选举中，如果中央选举事务管理局在选举日一天之前收到一张来自不再在瑞典居住登记并不在选民名册中的瑞典公民的投票，该管理局应将该选民加到选民名册上。不论怎样该投票应被看做是一种第一段所述的通知，即便收到它时已经晚于投票日前一天。

第三条 在欧洲议会选举中，非瑞典籍的欧盟公民只有在下列情况下才能列入选民名册中：选举日之前满十八岁，在瑞典有居住登记，最迟在选举日之前三十天以书面形式向省行政委员会通告以下情况：

1. 通告他们希望被列入选民名册；
2. 表明他们的国籍和在瑞典的住址；
3. 说明他们最近一次在原籍国家所在的列入选民名册的选区或地区；
4. 保证他们不再在另一欧盟成员国投票。

关于某人已根据本条被列入（瑞典）选民名册的通知应寄送选民国籍所在国的选举机构。

根据本条被列入选民名册的选民将保留在名册上，直至应其个人要求，或因其不再满足资格条件而被从名册中除名。

第四条 选民应被列入他们根据第一条第二段规定做了居住登记的选举区域的选民名册。

那些未在任何地区单位居住登记或未在瑞典居住登记的人应被列入他们上一次居住登记所在的选举区域的选民名册中。如果无法获得能够确定其归属某个特定选举区域的人口登记信息，但有其最近在市做了居住登记的相关信息，将由省行政委员会决定他们被列入哪个选民名册中。

第五条 如果中央选举事务管理局接到另一欧盟成员国某个机构的通知，欧洲议会选举中某个被列入瑞典的选民名册的人同时也被列入了另一国家的选民名册，或已经在选举中投过票，中央选举事务管理局应立即将该人从选民名册中删除。

第六条 那些认为选民名册包含了有关他们的错误信息的人至迟应在选举日之前十二天以书面形式要求矫正信息。这也适用于那些认为他们被不适当地排除在选民名册之外的人们。选举日之前三十天之后所发生的事情不应构成适用本条矫正要求的基础。

有关矫正信息的事务应由省行政委员会受理，或是根据第一段的要求，或是出于其自身的动议。

第七条 一旦所有矫正和变更被纳入到了选民名册中，应尽快将名册送至选举区域所在的市选举委员会。

如果某项矫正或变更在选民名册送至选举委员会之前不可能及时完成，中央选举事务管理局或省行政委员会应指示该委员会确保完成矫正或变更。

投票卡

第八条 中央选举事务管理局负责为选民名册上的每个选民准备投票卡。如同时还要进行其他选举，则要准备共用的投票卡。对那些没有确切住址的选民，只有在他们提出要求的情况下才为其准备投票卡。

投票卡应包含以下内容：

1. 选民的名字和在选民名册上的序号；
2. 选民要参与的选举；
3. 选民投票的投票站及开放时间。

第九条 投票卡应在投票日十八天之前在选民适宜接受的时间内送至在瑞典做了居民登记的选民。

第十条 如果需要，选民可以得到复制的投票卡。

复制的投票卡由中央选举事务委员会、省行政委员会、外交使团或市政府提供。任何选民如欲得到复制投票卡，应提供详细的姓名和个人身份证号。

第六章 选票和信封

纸质选票

第一条 下列类别的选票可用于选举中：

1. 带有政党和选举名称的选票；

2. 带有政党、选举名称以及详细候选人信息的选票；

3. 只带有选举名称的选票。

第二条 在第一条第一、二类的选票中，可以在所提及的信息中包含：

1. 拟使用该选票的选区的详细信息和名称；

2. 有关该选票所适用于的政党是否注册了政党名称及是否通知了候选人的信息。

选票也可包括选举事务管理机构认为必要的信息。

第三条 候选人姓名应按序号排列。每一个候选人应是可识别的，以显示所指为谁。选票还应是明确的，这样选民能够投给某个具体的人。

第四条 选票应为 A6 大小（105×148 毫米）。所有选票为同一纸质。特定选举所用选票应为同一颜色。

信 封

第五条 以下为选举用信封：

1. 投票信封；

2. 由信使递送的投票外信封；

3. 邮递投票用的外信封；

4. 邮递投票用的封皮信封；

5. 开窗信封。

选票及信封条款

第六条 用于选举的所有选票和信封均由中央选举事务管理局提供。

第七条 根据第八章第二条第 2 和 3 款拟置于投票接待站外的选票只能按照政党的要求提供。这类要求应在中央选举事务管理局就第八章第二条第 2b 款作出决定之日之前向省行政委员会或向中央选举事务管理局提出。

第八条 在一次选举中参加竞选的下列政党有资格获得选票，费用由国家负担：

1. 国家议会选举中：在该次选举中，或在最近两次议会选举中的一次获得全国 1% 以上的选票的政党，或尽管没有达到这一水平但在议会中有席位或通过选举在议会中获得席位的政党；

2. 省市政议会或市立法会议选举中：在其中有席位或通过选举获得立法会议席位的政党；

3. 欧洲议会选举：在选举中获得，或在最近两次欧洲议会选举中获得全国 1% 以上选票的政党。

在上述所有情形下，免费获得选票的权利指在以下范围内最多相当于有资格投票者三倍数量的选票：

1. 国会议会选举：选区；

2. 其他选举：选举范围。

适用第二段时，有投票资格者的人数应根据选举之年 3 月 1 日瑞典税务局按照有关个人数据处理程序的相关法律（2001：182）进行的人口登记数据库的信息估算。

第九条 选票只有在事先付费后才能提供。但一个在选举之前即已有资格获得由国家担负选票费用的政党，只有在其要求超过第八条第二段所规定的免费数量的选票时才要求其预先付费。

一个只是在选举之后才获得免费获取选票资格的政党预付的款应予返还，不论是谁先支付的。

第十条 按照第八条有资格免费获得选票的政党也有资格获得由国家担负的合理范围内的投票信封、由信使递送的投票外信封，以及邮递投票用的外信封和封套。

第二部分 选举的执行

第七章 投票的一般条款

不同的投票方式

第一条 投票在投票站进行。选民首先应考虑在选举日在所在投票站投票。他们也可能先于投票日或在投票日在由市厅或外交使团设置的专门投票点投票。在特定情形下，选民也可以通过信使或信件方式投票。

中央选举事务管理局在咨询政府办公室（外交部）意见后，决定瑞典外交使团人员应在何处投票。

如何准备投票

第二条 为准备投票，选民应为所拟参与的投票：

1. 领取一张选票；
2. 将选票不折叠地置于一信封中；
3. 密封信封。

选民希望投某一个人的票，他们应在选票上他们拟投票的候选人旁边个人投票位置将其标记出来。

如果一位选民在一张选票上投了某个政党的一位候选人的票，而该政党并未按第二章的要求登记党的名称或通知候选人，该选民应被认为是投了一张个人候选人票。如果这类选票上列有好几个候选人，应视为该选民投了第一位候选人的个人票。

不能提供带有非授权标记的选票和投票信封。

如何在投票站投票

第三条 选民应在一个投票间内准备其投票，并随后将投票信封交给投票工作人员。

选民因行动不便或类似原因不能亲自准备选票，应其要求，可由投票工作人员在必要的范围内帮助其准备。

由信使投票

第四条 选民因生病、残疾或年老而不能亲自前往投票站投票，可由信使将其选票递交投票站。

此外，下列选民可通过信使投票：

1. 按照第三章第六条的规定从事 Posten AB 公司的乡间邮递服务的选民；

2. 作为拘留所被收容人员的选民；

3. 在服刑机构服刑或在其他机构中出于安全原因不能在相同的投票地点投票的选民。

由信使投递的选票应装入投票用外信封由信使递送。

哪些人可作为信使

第五条 下列人可作为信使：

1. 选民的配偶或同居人，以及选民的、其配偶的或其同居人的子女、孙子女、父母或兄弟姐妹；

2. 那些为选民提供职业护理或以类似方式提供护理的人员，以及那些在其他方面为选民私人事务提供帮助的人员；

3. 那些由市政特别聘用作为信使的人员；

4. 由 Posten AB 雇佣的乡村邮递员；

5. 拘留所或服刑机构中的雇佣人员。

信使应年满十八岁。

安排信使投票的时间

第六条 在议会大选、省议会或市立法会议选举以及欧洲议会选举中,安排信使投票不得早于投票日之前二十四小时。

其他选举中,安排信使投票不得早于投票日之前十日。但在这类投票中,外交使团安排信使投票的时间可以为不早于投票日之前二十日。

如何安排信使投票

第七条 希望由信使投票的选民应

1. 在信使本人及一个见证人在场的情况下将投票信封装入一个信使投票用的外信封中;

2. 把外信封粘起来;

3. 在信封上:

a) 证明他们以此方式安排了投票信封和外信封,投票信封的安排时间不早于规定时间;第四条第一段所述的选民也应在外信封上证明他们对由信使投票的要求表示满意;

b) 声明其名字和身份证号码。

信使和证人应在外信封上声明其:

1. 名字;

2. 个人身份证号码;

3. 地址。

并证明选民亲自完成了第一段和第二段所规定的事情,证明他们无从知晓选民所提供的信息是不正确的。此外,它还应注明属于第五条第一段所适用的哪一类信使。

证人应年满十八周岁。

第八条 与第七条第一段和第二段所规定的不同,乡村邮递员作为信使不需要在选民为信使投票准备外信封时在场。这类信使不需要在外信封上声明其个人身份证号和住址,而只需要声明其服务编号并证明该信封是从选民个人上手接到的。

与第七条第一段和第二段所规定的不同，在拘留所或服刑机构工作的信使不需要声明其身份证号和住址，而只需要声明其服务编号。

一个没有任何个人身份证号或服务编号的个人应提供相应的详细身份信息。

第九条 信使并不认识的选民应提供身份文件，或以其他方式证明其身份。如他们不能如此，信使可不接受该信使投票。

第十条 选民应将其投票卡随同外信封交给信使。但如果该信封是在投票站递送的，则不需要如此。

邮寄投票

谁可以通过邮递投票

第十一条 居住在国外或在外国交通工具上的选民可以通过信件方式投票。

何时准备邮递投票

第十二条 邮递投票可以在不早于投票日之前45日准备。

但在瑞典议会大选、省和市立法会议选举以及欧洲议会选举之外的选举中，选民只需要在选举决定作出之日之后准备邮递投票。

邮递投票如何准备

第十三条 希望通过邮递投票的选民应该：

1. 在两个证人在场情况下将投票信封装入邮递投票用的外信封中。

2. 把外信封粘起来。

3. 在信封上：

a）证明他们以此方式安排了投票信封和外信封，投票信封的安排时间不早于规定时间，它发生于国外或外国交通工具上；

b）声明其名字和身份证号码。

证人应在外信封上声明其：

1. 名字；

2. 个人身份证号码；

3. 地址。

并证明选民亲自完成了第一段所规定的事情，以及他们无从知晓选民所提供的信息是不正确的。

证人应年满十八周岁。

如何寄送邮递选票

第十四条 当外信封准备好后，选民应：

1. 将信封装入邮递投票用的封皮信封中；

2. 装入投票卡或事先印好的地址卡，或如果这两者选民都没有，装入一张地址卡，上面有选民亲笔写的其身份证号码和名字；

3. 粘上信封；

4. 从国外或从外国的交通工具上将该信封寄给中央选举事务管理局。

邮递投票的进一步处置

第十五条 中央选举事务管理局收到邮递投票的封皮信封后，应将其送至选民在选民名册上所在市的选举委员会。

如果一个选民既不在选民名册上也不应该在选民名册上，或者由于个人身份证号缺失或不完全而无法查实究竟在哪个选民名册中，中央选举事务管理局应保留该封皮信封。该信封应由管理当局妥善保管直至选举已确定完成。此后，这些信封包括其内容应在无损于保密原则的情况下予以销毁。

中央选举事务管理局应保留遵循本条的执行记录。

第八章 投票接待的一般条款

投票接待点的投票接待

装 备

第一条 投票接待点应有适宜数量的隔间（投票间），选民可以在那里不被注视地投票。

第二条 紧邻投票接待点应准备一个合适的地点用于展示选票。如不可能，应在室内准备这样一个地方。在该地方，选民能够获得：

1. 只带有选举名称的选票；

2. 以下选举中带有相应政党及选举名称的选票：

a）国家议会选举以及市和省议会选举中每一个在最近两次国家议会选举中有一次获得过全瑞典1%以上选票的政党；

b）市和省议会选举中每一个在选举的省和市已有代表席位并对上述a）项中的要求，即对在其已有代表的省和市中的投票接待点要求不满的政党。

3. 欧洲议会选举中带有在最近两次的欧洲议会选举中任何一次获得全瑞典1%以上选票的政党及选举名称的选票，或是如果一个党只是与其他党作为一个选举名单共同提名，带有政党和选举名称以及详细的候选人信息的选票。

参与选举的政党也可以在同样的地方置放其选票。

第2、3款所规定的条款只能依据第六章第七条的规定按照政党所提出的要求实行。

秩序等

第三条 不得在投票接待点及邻近位置进行影响或妨碍选民做出抉择的宣传或其他活动。

第四条 选举工作人员负责投票接待点的秩序。在接待点及毗连位置的人们应遵从投票工作人员的指引以使投票工作能够有序进行。如出现无法避免的混乱，投票接待点工作应临时中断。

第五条 对于那些在投票截止时间点内已经在投票点或邻近的指定位置的选民，应予以其在投票站关闭前投票的机会。

选民在投票点应接受的规则

第六条 投票工作人员不认识的选民应出示其身份证明文件或以其他方式证明其有效身份。

第七条 投票工作人员可不接受不合乎选票信封准备要求，或不能核实选民身份的投票信封。

如果一个选民在同一个选举中欲提交多个投票信封，只能有一个被接受。

由信使递交的投票接受

第八条 投票工作人员不认识的信使应出示其身份证明文件或以其他方式证明其有效身份。

第九条 如由信使递交的投票外信封未能满足此类信封准备的相关要求，或者如果该信使不能证明其有效身份，投票工作人员可不接受此类外信封。

第十条 第九条所指的外信封应由投票工作人员妥善接受后交给选举委员会。在本次选举有效期间选举委员会应存放这些信封。

通过窗口信封及邮递投票方式送达的投票接收

第十一条 选举委员会在接到窗口信封和邮递投票信封后，应将这些信封按选举区域存放。然后这些信封应被放入被封印好了的特制封套中。这些封套应在投票截止时间之前送至相应选区的投票站。

第十二条 选举委员会应保留未能按照第十一条要求送至投票区域的窗口信封和邮递投票封皮信封。这些信封应由选举委员会在按照第十二章要求召开的选票初步统计会议上接受检查。

第十三条 选举委员会应保留按照第十二条和第十三条处理的记录。

第九章 投票站的投票接受

第一条 除第七章和第八章所包括的有关投票和投票接受的一般条款外，本章条款适用于在投票站的投票接受。如果本章条款与第七章和第八章条款冲突，应适用本章条款。

投票站的设备

第二条 每一个投票站应有：

1. 每一个选举有一个投票箱；
2. 选举区域内的选民名册。

如何准备投票接受

第三条 投票站开放后，作为主席的投票工作人员应向所有在场人员显示每个投票箱都是空的。此后才能开始投票接受。

第四条 如果有残疾选民不能进入某个投票站，投票工作人员可以在投票站外接受他们的投票信封，只要这是以安全的方式进行的。

第五条 如果一个由信使准备的投票外信封满足了相关要求，投票工作人员应在鉴定信使的身份后，打开外信封并检查里面是否有选票信封。

第六条 在接受投票信封之前，投票工作人员应检查：
1. 它们满足投票信封的准备要求；
2. 按照选民名册选民：
a）有与选票相关的选举投票资格；
b）未投过票。

第七条 如不存在妨碍接受投票信封的问题，投票工作人员应在选民或信使在场的情况下，将信封投入相关选举的投票箱，并在选民名册上标注。按照第四条接受的投票信封可在无选民在场的情况下投入投票箱。

应在选民名册上说明选民或信使身份是如何确认的。

第八条 装在投票用外信封中的由信使递交，但未被接受的投票信封应被重新装入其原外信封中。此后按照第八章第十条的规定步骤执行。

窗口信封及邮递投票用封皮信封的处置

第九条 投票工作人员接到窗口信封和邮递投票用封皮信封后，应按照投票接受的许可程序检查封皮和信封。检查中，投票工作人员应：
1. 打开封皮并清点信封；
2. 核实信封自被封口后未曾被打开过；
3. 核实邮递投票的封皮信封满足此类信封准备的相关要求，然后——如果合乎要求的话——打开信封；

4. 核对选民

a）包含在选举区域的选民名册中，

b）未曾提供多于一封的窗口信封或邮递投票外信封，

c）未曾在选举日在投票站投票；

5. 核实邮递投票的外信封满足此类信封准备的相关要求；

6. 打开按照第2、4和5款满足要求的窗口信封和邮递投票外信封，核实信封装有由信使递送的外信封或投票信封，以及这些信封满足此类信封准备的相关要求。

第十条 如果一封窗口信封包含了一封由信使递交的投票外信封，投票工作人员应检查该信封满足此类信封准备的相关要求。如果满足，投票工作人员应打开外信封，检查它包含了投票信封并满足此类信封准备的相关要求。

第十一条 投票工作人员应：

1. 在选民名册上将那些满足第九条和第十条要求的选民标注；

2. 将那些装在窗口信封中送达的投票信封连同选民的投票卡或地址卡重新装入其窗口信封中；

3. 将那些装在外信封中由信使送达的投票信封重新装入其外信封中，并将这些信封连同选民的投票卡或地址卡重新装入其窗口信封中；

4. 将那些装在邮递投票用外信封中送达的投票信封重新装入其外信封中，并将这些信封连同选民的投票卡或地址卡重新装入其封皮信封中。

第十二条 当投票接受完成，对那些按照第9条和第10条已检查的信封，投票工作人员应采取以下步骤。他们应该：

1. 将那些满足第九条和第十条要求的投票信封放入与选票所涉及的选举对应的投票箱中；

2. 将那些不满足第九条和第十条要求的包含了由信使递送的投票用外信封、邮递投票用外信封或投票信封的已打开的窗口信封或封皮信封重新装入一个特别的封套中；

3. 将不满足第九条所含要求的窗口信封和邮递投票用封皮信封重新装

入一个特制封套中；

4. 封好每一个封套。

第十三条 如果一个来自选举委员会的装有窗口信封或邮递投票用封皮信封的封套在选举区域的投票接待结束后才收到，该封套不应被打开，但应退回至选举委员会。

投票的变更

第十四条 选民即使是已经在一个专门投票点，或通过邮递投过票，他们也可能会亲自到其投票站投票（投票的变更）。如果此前的投票已经到了投票站，该选民只有在其收到投票工作人员退回的投票后才能改变其投票。

安全等

第十五条 如果投票接受被中断，每个投票箱和选民名册应被封印并以安全的方式存放。投票接受继续时，投票工作人员应首先向所有在场人员显示封印未曾被破坏。

第十六条 投票站的投票接受记录应予保存。

第十七条 那些由信使递送的、含有已被接受并被放入投票箱的投票信封的外信封应被转交选举委员会。该委员会应在选举有效期间存放这些信封。

第十章 专门投票点的投票接受

第一条 除第七章和第八章所包括的有关投票和投票接受的一般条款外，本章条款适用于在专门投票点的投票接受。如果本章条款与第七章和第八章条款冲突，应适用本章条款。

投票接受的时间

第二条 在瑞典议会、市和省议会选举中，以及在欧洲议会选举中，投票接受可从以下时间点开始：

1. 在市已安排的专门投票点：不早于选举日之前 8 天；

2. 在外交使团：不早于选举日之前 20 天。

在其他选举中投票接受可在以下时间点开始：

1. 在市已安排的专门投票点：不早于选举日之前 10 天；

2. 在外交使团：不早于选举日之前 20 天。

投票接受可持续到：

1. 在市已安排的专门投票点：直至并包括选举日；

2. 在外交使团：在已准备好的窗口信封设定能够在选举日之前一天被中央选举事务管理局收到的时间内。

如何安排投票接受

第三条 选民或信使应将选民的投票卡交给投票工作人员。

但以下情形下不做此要求：

1. 投票工作人员已知晓投票卡的信息；

2. 投票接受是在外交使团进行。

第四条 在按照第七条所保存的记录中，应说明选民或信使的身份是如何核实的。

投票工作人员应在选民或信使在场的情况下，将投票信封和由信使递送的外信封，连同选民的投票卡，或（如果投票接受是在一外交使团进行）地址卡放入窗口信封中。窗口信封随后被封口。

第五条 已在由市准备的专门投票点准备好的窗口信封应被送至选民在选民名册上所处市的选举委员会，或直接送至选举区域的投票工作人员，只要能够设定这些信封将在投票站的投票接受截止时间之前送达。

在外交使团准备好的窗口信封应送至中央选举事务管理局。

第六条 由中央选举事务管理局接受的窗口信封参照第七章第十五条的方式处置。

保密等

第七条 专门投票点的不间断投票接受记录应予保存。

如果投票接受被中断，中断期间，已有的记录和已接受的投票信封应以安全的方式存放。

第三部分 计 票

第十一章 投票站的初步计票

政党名称的登记

第一条 在投票站结束接受投票和所有应被放入投票箱的投票信封已被放入之后，投票工作人员应立即将投票信封取出并统计选票。

计票应公开并为不间断的。该选票统计的结果为初步结果。

第二条 如果一次国家议会选举的同时也在进行其他选举，首先应该统计国家议会选举的选票。各种类型选举的统计按以下方式进行：

1. 应清空投票箱并统计投票信封。应根据选民名册统计参与选举的选民数量。

2. 将选票从投票信封中取出。如果信封中的选票多余一张，信封中的选票即不予认可，应将它们放回信封。

3. 一张根据第十三章第七条第一段第一款被认定为无效的选票将不予认可。

4. 一张根据第十三章第七条的任何条款被认定为无效的选票将不被认可，并被重新放回投票信封中。

5. 第二—四款所述的选票应被放入一个特别的封套中。

6. 被认可的选票将根据政党名称归类。统计每一组的选票数量。然后将每一政党的支持选票放入特别的封套中。

7. 根据第5、6款得到的封套应被封口。

计票的结果应按照第九章第十六条记录在案。

第三条 在初步计票结束之后，投票工作人员应立即将以下事项交给选举委员会：

1. 选民名册；

2. 记录；

3. 第八章第十条和第九章第十七条所述的由信使递交的投票外信封；

4. 本章第二条以及第九章第十二条和第十三条所述的封套。

第四条 选举委员会应保存第三条所述的选民名册、由信使递交的投票外信封以及第九章第十二条和第十三条所述的封套。该委员会应将以下事项立即交给省行政委员会：

1. 记录；

2. 第二条所述封套。

投票信封的开封时间

第五条 一张被提交的投票信封只有在根据本章或第十二章条款将其从投票箱中取出后计算选票时才能被打开。

第十二章 选举委员会的计票

选举委员会计票的准备

第一条 在选举日之后的第一个星期三，选举委员会开会检查并统计在投票站未统计的选票。此次会议是公开的。该委员会的计票结果为初步统计结果。

在此次会议上，选举委员会将检查：

1. 截止到并包括选举日该委员会收到并保存的窗口信封和邮递投票封皮信封；

2. 根据第九章第十三条投票工作人员退回给该委员会的窗口信封和邮递投票封皮信封；

3. 在第二条所述的任何投票箱被清空之前该委员会所收到的窗口信封和邮递投票封皮信封；

4. 根据第九章第十二条投票工作人员放入特别封套的窗口信封和邮递投票封皮信封。

该检查将遵从与第九章第九—十二条所述相同的方式，以合适的方式进行。

第二条 在市立法会议选举中，市被划分为各个选区，每一类型的选举中每一个选区应使用一个投票箱。

初步计票

第三条 当所有应放入投票箱的投票信封已被放入后，选举委员会应取出所有信封并计票。此举遵循第十一章第二条同样的方式。

第四条 如果选举委员会在任何投票箱已被清空之后的计票期间收到窗口信封，这些信封应与其他信封分开单独保存。此类信封应装入一个或多个被封口的特质封套中。

第五条 那些由信使递交的装有投票信封——它们被置于投票箱中并供人们按照第一条的方式进行检查——的外信封应由选举委员会保管。该委员会应在整个选举有效期间保存这些外信封以及第九章第十七条所述的外信封。

第六条 选举委员会应保存计票记录。

第七条 计票会议结束后，选举委员会应立即将下属事项移交省行政委员会：

1. 该委员会的记录；

2. 该委员会准备的封套。

如果省行政委员会提出要求，该委员会还应将选民名册移交省行政委员会。

第十三章　最终计票

第一条 省行政委员会执行最终计票。其进程应该公开并及时进行。

如果国家议会选举与其他选举同时进行，应首先进行国家议会的选举计票。

第二条 在该进程中，省行政委员会应检查按照第六条和第七条选票是否有效，选票上的名字是否属于第八条所述的不存在的，还要做出复查所要求的决定。省行政委员会要根据第九章第十六条所述的记录结果做出必要的决定。

有关进程中的进一步事务

第三条 如果来自选举委员会的文件在某些方面不完全或不充分，省行政委员会应要求予以补充。如果必要，省行政委员会还应要求通告为什么文件不充分。

第四条 省行政委员会应公开相关进程的时间和地点。在公示中，省行政委员会应说明各种选举应计票的顺序。该公示应在市的公告牌中展示，并不迟于相关进程开始之日的一天之前，并公布在省地方报纸上。

第五条 省行政委员会应保留处置记录。

无效理由

第六条 如果选民所投递的选票被以非安全的方式存放，只要它们被认为受到了非授权方式的影响，即可被宣布是无效的。

第七条 以下情况下一张选票属于无效：

1. 没有一个政党名称；
2. 有多个政党名称；
3. 有明显有意的标记。

如果一个投票信封中有一张以上的选票，它们即属无效。但如果该信封中包含多张选票而所有选票中都有同一个政党名称，可计为一张有效票。而如果这些选票上为不同的候选人名字或特别的个人票，选票上的名字被视为不存在。

不存在的候选人名字

第八条 以下情形下，一张选票上的某个候选人名字应被视为不存在：

1. 候选人没有选举资格，或不清楚其所指；
2. 候选人已被列入到了一个与已按照第二章要求登记了政党名称并通告了候选人的政党有关的选票上；
3. 候选人未被通告但出现在一个已按照第二章要求登记了政党名称并通告了候选人的政党选票上。

以下情形下一张选票上的候选人名字也应被视为不存在：

1. 选票包括了候选人但并没有个人投票的标识位置；
2. 对某一个人投了多票，或不清楚个人投票的所指；
3. 可推定所标识的投票支持人是自动生成的；
4. 候选人之间的顺序表示不清。

不能因为一张包含候选人的选票上候选人的名字已被画掉就视这些候选人的名字为不存在。第七章第二条第三段包含了此种情形下——即选民在一张选票上投了某个并未按第二章规定登记政党名称或通知候选人的政党的候选人票——的特别规定。

计票程序的结束

第九条 计票进程结束时，省行政委员会应向中央选举事务管理局通告国家议会和欧洲议会选举的计票结果。省行政委员会和中央选举事务管理局随后应按照第十四章的规定任命议员及替补人。

第十条 选票应放入特别封套中，并在选举有效期内存放。

装有选票的封套只有在下列情形下才能被打开：

1. 要执行一次新的或（中断后）继续进行的计票；
2. 选举权力机构认为必要的其他选举评估。

第四部分 席位的分配

第十四章 席位的分配

第一条 中央选举事务管理局根据最终的计票结果分配瑞典议会和欧洲议会的席位,并决定哪些候选人当选议会成员和替补成员。

市和省议会选举中,由省行政委员会分配政党之间的席位,并决定每个选区当选的成员和替补成员。

第二条 如果按照本章的计算方法结果为相同数,则由抽签决定哪个政党、候选人或选区将获得席位。

政党之间的席位分配

瑞典议会选举

第三条 每个选区固定席位在参与分配的政党之间按比例分配。该分配根据选区的选举结果计算政党的比较数确定。在每一轮计算中获得最大比较数的政党将获得一个席位。

该计算适用矫正后的奇数方法。

这意味着只要一个党还没有分配到一个席位,其比较数是通过将该党在该选区所获得选票数量除以1.4得出。一个党获得一个席位之后,其新的比较数则是以该党所获得的选票除以3得出。此后的进程按同样的方法继续,政党每要获得一个新的席位其比较数是以其得票数除以一个紧邻的更大的奇数。

第四条 为确定一个政党在议会中拥有多少累计席位才能够体现整个瑞典的比例代表,应将整个瑞典当做一个选区来适用奇数方法。为使每个政党获得与其在整个瑞典所有有效选票中所获选票成比例的代表席位,还应对其分配必要数量的调整席位。

第五条 如果一个政党在固定选区席位的分配中已经获得超过该党在

议会中应有的比例代表数席位，那么在调整席位的分配中就不再考虑该政党以及其所获得的席位。这也适用于那些在全国得票率低于4%的政党及其所获得的席位。

在一个政党所获得的调整席位的分配中，首先应分配给该党在分配了固定选区席位后其在某个选区的比较数大于其他选区的那个选区，然后按照连续运用矫正后的奇数方法计算该党在各选区的选票比较数，将调整席位依次分配给每次比较数最大的那个选区。但在该党未获任何固定席位的选区，其在分配第一个席位时的比较数等同于该党的得票数。

其他选举

第六条 市立法会议的席位在那些在市获得选票的政党之间分配。

省议会的席位在那些在该省至少获得3%选票的政党之间分配。

欧洲议会选举席位在那些在瑞典至少获得4%选票的政党之间分配。

第七条 每次选举和每个选区的固定席位，根据政党在该选区的选举结果，在政党之间按比例分配。其分配的方式与瑞典议会选举的分配方式相同。

第八条 为确定一个政党在省议会中拥有多少累计席位才能够体现整个省的比例代表，应将整个省当做一个选区来适用奇数方法。在进行分配时，应使用与瑞典议会调整席位的分配相应的计算原则。

如何任命议会成员

瑞典议会选举

第九条 首先应该根据每个候选人的个人得票数决定候选人之间的顺序。确定个人得票数只是针对那些所获得的个人投票至少占其党在该选区总的得票数8%的候选人。

个人得票数根据专门投给该候选人的个人投票决定。那些投了某个具体个人票的选票应按照政党名称分组。然后计算一个组中每一个候选人的个人得票数。一个候选人的个人得票数与同一个政党名称下的该候选人所获得的个人得票数相等。获得最大个人得票数的候选人排在第一位，个人得票数第二的候选人排在第二位，并按同样的原则依次排序。

第十条 如果根据个人得票数排序后还有更多的席位可供分配，则按照以下方法通过计算比较数决定其余候选人之间的排序。

首先应计算排在选票候选人第一位的候选人选票。其中那些已获得席位的候选人不再考虑。第一候选人为同一人的选票组成一组。然后计算每一组的票数。得票数与该组中的选票数相等。该数同时也是该候选人在分组的选票上排第一位的比较数。拥有最大比较数的候选人排在第一位。

接下来依次计算那些排在选票候选人第一位、但不考虑已按顺序获得席位候选人的选票。这组或这些组——即那些在此前最新一轮计算中其所投的候选人已经按顺序获得席位的选票——被分解并组成新的组，这样在不间断的计算中那些投一个和相同候选人的选票组成一组。但其他已形成的组将予以保留。每组成一个新的组要计算其票数。得票的数量与该组中选票的数量应相等。要计算所有参与计算的候选人的得票数和比较数。

一个候选人的得票数与该组的票数或所有投该候选人票的各组的累计票数相等。一个候选人的比较数与投该候选人的票数相等，除非投该候选人票的选票组参与了填补某个先前已分配席位。在后者情况下，该候选人的比较数通过以下方式获得：用相当于该组用以填补已分配的席位数的等分数字（即该组的席位数）加1，除该候选人的得票数；或者如果多个支持该候选人的选票组参与了填补先前的分配席位，则用这些组累计的席位数加1除该候选人的得票数。组的席位数是通过该组的得票数除以该组组成前最近一次排位计算时的最大比较数得来的。对于一个已经在任何选票中排第一的候选人来说，一个新的组席位数只是为了计算新增加的选票。算式中的小数部分计算到两个小数位。后面的小数可忽略。

比较数最大的候选人按顺序获得下一个席位。

瑞典议会选举中双重选举的中止

第十一条 在一个以上的选区，或者作为多个政党代表获得席位的候选人应作为那个其个人得票数占党的得票数比例最大的政党代表占有席位。如果这些候选人没有按其个人得票数的顺序占有席位，他们应作为其比较数最大的选区或党的代表占有席位。

该候选人没有占有的席位应转移给按照以下顺序排在第一位的候选人：首先是按照第九条第二段规定计算个人得票数排序中的候选人。

如果由于太多的候选人不能按第二段的规定分配席位，则应根据按照第九条和第十条方法已获得席位的候选人所得到的选票来分配席位。这种计算方法中，每一张选票被当做是一张总体投票。选票的数值应记入那些尚未按顺序获得席位的选票上排第一位的候选人身上。获得最高票数的候选人将获得一个特别顺序的席位。

如果第一段的情形导致两个或多个席位未被占有，将采用按照所得个人票与党所得票的关联程度依次填补一个席位。如果由此方式还不能把所有席位分配完，则将根据第十条的按比较数顺序填补这些席位。

议会选举中多余的席位

第十二条 如果某个党在一个选区获得的席位超出了该党选票上候选人的数量，将适用第五条第二段规定，将这些超出的席位转移给另一个该党参与了固定席位分配的选区。

其他选举中的成员

第十三条 其他选举中的成员应根据适用瑞典议会选举的相关条款来决定。

只有那些所获得的专属个人票至少占该党在某个选区得票5%以上的候选人才按个人得票数来决定，尽管：

1. 省议会选举至少要得到100票；
2. 市立法会议选举至少要得到50票。

如何任命替补成员

瑞典议会选举

第十四条 每一个议员应有一个替补成员，可任命与政党在选区所获得席位数相同数量的替补成员。但至少始终应任命三名替补成员作为所有议员的替补者。在任命替补成员时不再考虑已当选正式议员者。

替补成员按照特殊的规则在出现在政党的选票上的候选人之间任命。该顺序按照第十一条第二段和第三段的规定计算。

但如果据此没有一个人能够被任命为替补成员，则应按以下规则计算。在选区内按顺序应获得一个党下一个席位的候选人应被任命为替补人。如果在党的选票名单上没有这种候选人了，则适用第五条第二段规定，由另一个该党参与了固定席位分配的选区决定任命替补人。按照该党的顺序应获得下一个议席的候选人应被任命为替补人。按照本段规定，只能为每一名议员任命一个替补人。如果以这种方式还不能任命一个替补人，则不再任命替补人。

其他选举中的替补人

第十五条 省议会和欧洲议会应按照（瑞典）议会选举的相应规则任命替补成员。

第十六条 市立法会议的替补成员首先应根据按照第九条所规定的个人得票数计算的候选人之间的顺序任命。

其次按照候选人在其党内当选的计算顺序任命替补成员。在对其进行按顺序排位时，每一轮计算只是取那些包括了该成员名字并因此投了该名字票的选票。每一张选票当做一张对政党的总体投票。其票值计入在选票上排位最高的、尚未被任命为正式成员的候选人名下。那些获得最大得票数的人应被任命为每次计算所相关的立法会议成员的替补人。

如果所任命的替补人的数量少于按照《地方政府组织法》（Local Government Act, 1991: 900）第五章第四条第二段之规定所决定的市立法会议成员数量，一些替补人同时成为三个或更多个立法会议成员的替补人，就需进一步为这些立法会议成员的每一位任命一个替补人。在此情形下，那些已通过选举被任命为替补人的候选人名字将不再予以考虑。除此之外，按照第一段和第二段所述程序进行。

如果替补人的数量仍少于按照《地方政府组织法》第五章第四条第二段之规定所决定的市立法会议成员数量，一些人同时被任命为五个或更多立法会议成员的替补人，就需进一步为这些立法会议成员的每一位任命一个替补人。

此后，只要替补人的数量少于市立法会议所决定的数量，就要逐次以相应的方式进一步计算那些其替补人同时被任命为七个或更多成员、九个和更多成员……的立法会议成员数量，只要替补人的数量少于已决定的立法会议成员的数量。

如果一党所获得的替补人的比例数不是一个整数，应下调为最近的最大整数。

第十七条 如果一个政党在一个立法会议中至少有两个未任命的替补人，将适用以下条款：

如果在按照第十六条任命了替补人以后出现一个党的一个或多个成员只任命了一个替补人，就需要进一步的计算，直至至少任命两个替补人。

如果以此方式未能为某个特定成员任命任何替补人，将不再为该成员任命替补人。

如成员和替补人在选举有效期内辞职

瑞典议会选举

第十八条 如果一国会议员在选举有效期内辞职，中央选举事务管理局应应议长的要求任命一位新议员。按照第十四条所确定的替补人顺序轮到其位的人应被任命为新议员。

第十九条 如果一个新议员先前是一个按照第十四条第三段所确定的替补成员，那么就应该按照第十四条为辞职的议员任命一个新的替补人。如果该席位从一个选区转移到另一个选区，应被视为后一个选区在本次选举中已分配了一个席位。

一位议员被任命为取代某个已辞职议员职位后，本应作为其他辞职议员的替补人的其他候选人可以成为该新议员的替补人。

第二十条 如果出现以下情形，如可能，中央选举事务管理局在适用第十四条时，应应议长的要求任命两位新替补人：

1. 由于替补人已被任命为正式议员或由于其他原因已辞职，选举中被任命为议员替补人的数量只及或不到议员数的一半；或者

2. 替补人的人数已不足以接替需接替的位置。

其他选举

第二十一条 如果一位省议会、市立法会议或欧洲议会的成员在选举有效期内辞职，相应的选举机构应应要求任命一位新成员。新成员的任命应按照第十八和十九条的瑞典议会选举条款进行。

第二十二条 如果省议会的一名替补人已被任命为正式立法会议成员或由于其他原因已辞职，省行政委员会应应立法会议主席的要求，重新考虑并为每一位相关成员任命一位替补人。

本为某个辞职立法会议成员的替补人的其他候选人可以成为另一个被任命为接替某个已辞职成员的立法会议成员的替补人。

在进行该计算时应适用替补成员任命的相同办法。如果按照第一段规定不可能任命一个替补人，将不再任命其他替补人。

第二十三条 如果在市立法会议中一位替补人已被任命为正式成员或由于其他原因辞去作为替补人，该省行政委员会应应立法会议主席之请，重新计算并为每位相关成员任命一位新的替补人。在一位替补人辞职后立法会议的替补人数量依然至少等同于立法会议所决定数量的情形下，只有在某位成员没有人可供任命为其替补人的情况下才能任命一位新替补人。

第二十四条 如由于替补人被任命为正式成员或替补人由于其他原因辞职，（瑞典欧洲议会议员的）替补人数量减少到选举时所任命的替补人数量的一半或以下，中央选举事务管理局应——如果可能的话——应欧洲议会之要求，适用替补成员任命规则，任命两位新的替补人。

选举结束

瑞典议会选举和欧洲议会选举

第二十五条 在中央选举事务管理局分配完政党之间的席位和任命议

员及替补议员之后,选举结果应以在《瑞典官方公报》上公示的形式公告。选举从而结束。

在根据第十八—二十条和第二十四条任命了新议员或替补议员后,其结果也应在《瑞典官方公报》上公告。

市和省议会选举

第二十六条　在省行政管理委员会分配完政党之间的席位和任命立法会议成员及替补成员之后,应以形成供核查记录的方式提供结果公示。

在根据第二十一—二十三条任命了新立法会议成员和替补成员之后适用同样的程序。

第二十七条　如果任命的省议会或市立法会议的成员数不到规定数的一半,选举审核委员会应撤销选举结果,并决定所有成员和替补成员重新选举。

被任命人的证明书的发放和检查

第二十八条　对于被任命为瑞典议会议员、省议会和市立法会议成员,或欧洲议会议员及替补成员的人员,相应的选举机构应立即发布类似证明书的文件。选举机构应在证明书中说明:

1. 被任命者的个人姓名;
2. 正式成员或替补人所代表的时间、政党和选区。

替补人的证明书还应以适宜的方式包含替补人拟替补的正式成员的详细信息,如果有多个人被任命为同一成员的替补人,还应说明他们之间的替补顺序。

第二十九条　用于作为替补成员被任命的计算依据的记录摘要或其他文件应视同证明书。应将该证明书送达被任命者。瑞典议会选举的证明书还应送达选举审核委员会和议长。有关欧洲议会成员的证明书还应送达欧洲议会。与市和省议会相关的证明书应送达相应的立法会议机构。

第三十条　选举审核委员会应审核瑞典议会议员或欧洲议会议员的证明书是否按照第二十八条规定合适发布。这一审核应在议会选举结束后不迟于相关议会召集全国代表大会之前的一天进行。其他由选举审核委员会审核的证明书应尽快进行。该审核的报告应立即交送议长。如选举涉及欧洲议会议员，审核报告也应送交该议会。

第三十一条 选举审核委员会可以委派主席或主席代理人代表委员会审核下列人员的证明书：议会议员或欧洲议会议员，在选举有效期期间由于议员辞职或由于替补人根据第十八—二十条和第二十四条被任命而任命的这些成员的替补人。

第五部分　最后条款

第十五章　申　诉

第一条 只有在本章规定的范围内才能对根据本法做出的决定或其他措施提出申诉。

向省行政委员会提出申诉

第二条 对于由一选举委员会做出的对阻止接纳指派的投票工作人员要求不予认可的决定，可以申诉到省行政委员会。申诉的时间应从该决定做出之日算起。

对于省行政委员会根据本条所做出的决定不能提起申诉。

向选举审核委员会提出申诉

第三条 对于下列决定可以向选举审核委员会提出申诉：

1. 下列省行政委员会的决定：

a）根据第四章第八条和第十三条做出的关于市和省议会选举选区划分的决定；

b）根据第四章第十条和第十四条做出的关于市和省议会选举选区席位数量的决定；

c）根据第四章第十七条做出的关于选举区域划分的决定。

2. 省行政委员会或中央选举事务管理局做出的关于修改一选民名册的决定。

3. 下列由中央选举事务管理局做出的，或在适宜情形下由省行政委员会做出的决定：

a）根据第四章第三条做出的关于瑞典议会选举的选区席位数量的决定；

b）在一事务中根据第二章做出的关于政党名称注册的决定；

c）在一事务中根据第二章做出的关于候选人告知或根据第六章做出的关于选票的决定。

4. 省行政委员会或中央选举事务管理局做出的确定一次选举结果，或确定第十四章第十八—二十四条所提到的任命继任者或替补人之类事务结果的决定。

第四条 第三条第四款所提的一项决定可能被以下个人或机构提起申诉：

1. 根据选民名册在选举中有投票资格的个人；

2. 参与选举的某个政党。

当涉及某个候选人被任命为议员、继任者或替补人而他或她未被包含在所讨论的选民名册中时，该决定可能被该候选人提起申诉。

如何申诉

第五条 一项申诉必须提交给发布被申诉决定的权力机构（决定机构）。

第六条 申诉应在下列时段内递交给决定机构：

1. 在涉及第三条第1款和第3款 a）和 b）项事务中：在被申诉的决定公示之日起三周内；或如果该决定未公示，从申诉者收到决定之日起的三周内；

2. 在涉及第三条第2款事务中：不迟于选举日之前的最后一个星期三；

3. 在涉及第三条第 3 款 c) 项事务中：从申诉者收到该决定的三周以内；

4. 在涉及第三条第 4 款事务中：不早于选举后次日和不迟于选举结束后的十日；或如果该申诉与根据第十四章第十八—二十四条所做的（议会或其他立法会议）成员或替补成员的任命有关，在事务结束后的十日内。

选举审核委员会确定申诉是否是在合适的时间内收到。

第七条 如果选举审核委员会在规定的申诉时间内收到一项申诉，即便决定机构尚未及时收到该申诉的书面报告，该申诉也应被受理。

针对选举的申诉处理

第八条 在涉及第三条第 4 款的事务中，决定机构应在申诉截止时间之后尽可能将所有申诉公告，并将其提交给选举审核委员会。

公告应刊登在：

1. 如果申诉与瑞典议会或欧洲议会有关，应刊登在《瑞典官方公报》上；

2. 如果申诉与省或市立法会议有关，应刊登在相关的省和市的一份地方报纸上。

公告中应明确规定一个短时间段，以便那些想表达对该申诉意见的人们能够向选举审核委员会表达自己的意见。

第九条 决定机构应迅速向选举审核委员会表达其对申诉的观点。不适用《行政程序法》（Administrative Procedure Act）（1986：223）第二十七条和第二十八条关于重新考虑决定的规定。

第十条 一项某位省或市立法会议成员或替补成员据以被任命的决议，即使它已被提起申诉，也是适用的。如果由于该申诉结果另有他人被任命为议员或替补成员，该决定应在该成员或替补成员据以任命的选举或事项结束后立即适用。

欧洲议会成员应在他们被任命和其被选举资格被欧洲议会认可后接受委派。

《行政程序法》(1986:223)第29条的搁置条款不适用于本条的决定。

第十一条 选举审核委员会审核一项申诉时,该委员会所有成员均应出席。如果一项申诉与一项决定有关,而该决定影响了一次已完成的瑞典议会大选或一次省或市的立法会议选举结果,该委员会的构成应为这些选举发生时的构成。如果一项申诉与一项影响了其他已完成的选举结果的决定有关,该委员会的构成应为该次选举发生时的构成。

第十二条 选举权力机构和其他与选举有关的辅助机构应向选举审核委员会提供该委员会所要求的信息和报告。

如果选举审核委员会认为某人有必要在法庭取证中接受询问,该委员会可以要求在地区法庭举行听证会。

按照第二段取证时,适用《司法程序法典》(Code of Judicial Procedure)第三十五章第十条和第十一条规定。证人补偿由公共资金支付。该费用由国家承担。

第十三条 选举审核委员会在必要的情况下可撤销一次选举结果并做出在相关选区重新进行选举的决定。

1. 如在某权力机构负责的选举的准备和执行过程中存在违背规定制度的行为;

2. 如某人存在妨碍选举、贿选或其他选举中不合适行为。

如果可以通过重新计票或其他改动幅度较小的措施而达到改正效果,选举审核委员会应指令决定机构实行此类改正措施。

只有在其被认为所发生的事情证明对选举的结果产生了影响的前提下,才能实行按照第一或第二段所做的改正措施。

瑞典议会或省议会的重新选举只是涉及已分配给受被取消选举影响选区的固定席位和调整席位。

第十四条 如果按照第十四章第十八—二十四条的计算方法出现了与规定制度的偏差,而且很可能这种偏差影响了计算的结果,选举审核委员会应撤销此次计算并指令决定机构执行必要的改正措施。

第十五条 如果根据特别的规则一项具体的决定可以被申诉也可以不被申诉,那么在根据第十三条或第十四条进行的处置中该决定所涉及的一些事实可以不提交处理。

1. 本法 2006 年 1 月 1 日开始实施,届时《选举法》(1997:157)停止适用。

2. 根据该废止的法令已经注册的政党名称视同按照本新的法令已经注册。

3. 按照该废止的法令已做出的划分选区和选举区域的决定视同按照本新的法令做出。

(原文出自:http://aceproject.org/ero-en/regions/europe/SE/sweden-elections-act-2005/view。)

(林德山 译)

政党财政资助法案[①]

(2008年6月公布)

导 言

第一条 根据本法，国家对那些参与议会选举的政党予以财政资助。财政资助的形式分为"政党资助"（party support）和"办公资助"（secretariat support）。

政党资助

第二条 政党资助按照政党在议会中的席位数给付。议会中的每个席位可获得333300瑞典克朗（SEK）的补助款。

第三条 除第四条另有规定者外，各政党所获得的按席位数给付的补助款按年度计，按照最近两次大选的结果计算。

在一次议会选举后的四年中的第一年，每个政党获得以下席位数的补助款：其最近一次大选赢得席位数的六分之一加上此前一次大选其赢得席位数的六分之五。第二年，各党获得补助款的席位数则按最近一次大选获得席位数的一半加此前一次大选所获得席位数的一半计算。在第三和第四年，该党所获得补助款的席位数则按最近一次大选所获席位数的六分之五加此前一次大选所获席位数的六分之一计算。

[①] 本法是瑞典议会1972年通过的法案（Act on State financial support to political parties 1972: 625），一些条文内容在后来的法律条文中作了更新。本文根据瑞典议会2008年公布的英文本翻译。

如果一个政党在最近两次大选中有一次没有赢得议会代表席位，那么在计算该次选举的补助款时不按该党所获席位，而按该次选举中该党获得的全国选票超过2.5%部分满千分之一的数量计算①。如果一个政党在最近两次大选中一次获得了代表席位但所获全国选票不足4%，那么该次选举的政党补助则按所获议席数和所获全国选票超过2.5%部分满千分之一的数量之和计算，但如果两者之和总数超过了十四，那么超过部分不予计算。

第四条　如果第三条第一段所说的最近两次大选中的一次之后举行了特别选举，那么在运用第三条第二段方法计算补助议席数量时，则取该次大选和随后的特别选举中政党所获议席数的平均数。当运用第三条第三段计算时，计算议席数量的规定适用于计算满千分之一的选票数量。

办公资助

第五条　办公资助以基本资助（basic support）和追加资助（supplementary support）的形式给付。

第六条　一次大选中获得全国选票4%以上的政党在该选举有效期内每年可以获得全额的基本资助。一份全额基本资助量为5803200瑞典克朗。

第七条　在议会中赢得代表席位但全国得票率不足4%的政党，在该次选举的有效期内每年可以获得与其所获议席数量相应的基本资助，每个议席可获得十四分之一的基本资助。

第八条　第六、第七条中所说的政党在选举有效期内每年除基本资助外还可获得追加资助，每个席位可获得24300瑞典克朗，如果一党在政府中有代表，每个席位另可获得16350瑞典克朗。

第九条　如果一个党在一次大选中在全国获得4%以上选票，而在接下来的大选中得票率低于4%，该党在未来四年所获得的基本资助数量按

---

① 即该党如获得超过2.5%的全国选票，其超出2.5%以上部分每满一个0.1%即获得等同于一个席位的政党补助。——译者注

以下方式逐渐减少：第一年获得一个基本资助量的75%，第二年获得一个基本资助量的50%，第三和第四年各获得一个基本资助量的25%。但如果可适用第六条或第七条，而且这样可以使其获得更高的基本资助，那么可以适用相应条款的规定。

第十条 如果一个党在一次特别选举或一次新的选举中获得4%以上的全国选票，而在最近的一次选举或在宣告无效的选举中该党所获的选票低于4%，那么在从该次特别选举或新选举结束之日起的这一年度余下的时间里，该党每个历法月可获得一个基本资助额的十二分之一的补助。

第十一条 各党在一年中所获得的基本资助总额不得高于一个全额基本资助量。

第十一（a）条 如果一个党在一次选举中获得4%以上的全国选票，而在接下来的议会选举中所获得的全国得票率低于2%，那么在适用第三条和第九条时该党只能获得其一半的财政补助。

一般条款

第十二条 本法中的年度从10月15日开始计算。除出现第十条所述情形之外，本法中所指的财政资助每年一次计算。进行该计算时的既有条件决定了财政资助的总量。

如果决定财政资助的计算产生了含有小数的数额，应按习惯的四舍五入方法取整数。

第十三条 按照本法进行的资助事务由政治党派财政资助委员会（Commission on Financial Support to the Political Parties）审核。该委员会由主席一人和另外两名成员组成。成员必须拥有或曾经拥有终身法官职位，由议长会议任命，任期六年。

如果在政治党派财政资助委员会的讨论中出现不同意见，将适用《瑞典司法程序法典》（Swedish Code of Judicial Procedure）关于公民选举行动的第十六章条款。政治党派财政资助委员会的决定不可上诉。

第十四条 根据本法提出的财政资助申请每年要以书面形式提交给政治党派财政资助委员会。申请应于十月底以前提交。

申请书应包括该政党在最近已经过的财政年度的年度报告。其账户必须经过有授权或被认可的公共会计师的审核。该审核必须按照一般认可的审计标准要求尽可能地详细和全面。如果申请书在上述方面有问题,财政资助申请可能会不予通过。

政党资助和办公资助应尽可能同时拨款。拨款由议会行政署按季度执行,每次拨付总数的四分之一。第一次拨款在提出申请后的一个月内。拨款拨给各党的全国组织。但应政党的要求,办公资助或该款的一部分可以拨付给该党的议会党团秘书处。

相关修改、补偿条款的生效:

1996:1533

本法 1997 年 1 月 1 日生效。

在该法生效前已递交的始于 1996 年 10 月 15 日的财政年度的财政资助申请,应在始于 1997 年 1 月 1 日执行新法管理的财政资助账户中予以考虑。

根据政治党派财政资助委员会 1997 年 1 月的一个决定,那些已经获得始于 1996 年 10 月 15 日年度的国家财政资助的政党,将在截止 1997 年 10 月 14 日前按照新法条款接受三个季度的财政资助。

2000:0420

本法 2000 年 7 月 1 日生效。

2002:0070

本法 2002 年 4 月 1 日生效。

2004:0702

本法 2004 年 7 月 1 日生效，但适用于始于 2003 年 10 月 15 日的财政资助年度。

（原文出自：瑞典政府网站：http://www.government.se/content/1/c6/10/78/60/b7508720.pdf。）

（林德山 译）

第二部分
主要政党内部规章制度

瑞典社会民主工人党纲领[①]

(2013年4月6日瑞典社会民主党全国代表大会通过)

一、寻求变化的纲领

团结起来,我们就能创造一个更好的未来。社会民主党的最重要的历史经验恰恰就是:社会是可以改变的。

当社会民主主义诞生的时候,许多人都认为生活是由命运或者由别的高不可及的权力决定的,人们没法改变自己的生活条件。

工人运动的首要任务就是要向民众宣示,生活中的各种不公和社会灾难主要来源于社会组织的缺陷。这个组织不是天生的,人们可获得权力并改变它。

在自由党支持下,社会民主党在与右派斗争中,所取得的政治民主为人们决定社会和自己的命运开辟了道路。古老的阶级社会一步一步地被拆除了,代之以一个现代化的福利社会。

现在我们仍然会听到这类论调,说变革是不可能的,我们只能——像过去一样——去适应那些我们无法影响的力量所造成的结果。社会民主党的回答像过去一样坚定:通过民主我们可以共同改变和改善社会。

社会民主党人已经影响了社会的发展,因此我们深信我们思想的威力。当然这也是因为我们善于听取意见,能够吸取已有的经验教训,敢于

[①] 瑞典社会民主工人党(SAP),一般称瑞典社会民主党。本纲领是该党2013年4月6日在党的代表大会上通过的,题为"一个寻求变化的纲领"。

使用新的知识来应对新的挑战。

在这个纲领中我们将讲述怎样应对目前的和将来的挑战。我们将阐述我们的基本思想和基本价值，讲述我们怎样看待国内和国际的社会发展，提出我们对这些问题的政策和原则立场。

团结起来我们就能够建立一个大家都能生活得更好、更能感受自由和对未来充满信心的社会。

二、民主社会主义

社会民主党旨在建立一个以民主理想和人人同等价值、同等权利为基础的社会，自由平等的人们生活在一个团结的社会里是民主社会主义的目标。

作为个人，每个人应该得到自由发展，能够控制自己的生命，按照自己的愿望组织生活，影响自己的社会。人人都应该有此种自由，因为平等是自由的前提。

社会民主党主张清除所有阻挠人民解放的经济、社会和文化障碍。一个没有尊卑上下，没有阶级差别，没有性别差异和种族差别，没有偏见和歧视的社会是我们的目标。

团结来自于对人们相互依赖的认知。一个良好社会以相互尊重、相互关心和相互协作为基础。人人都应该有施加影响的同样的可能与机会。大家都有同等的承担责任的义务。

社会民主党人主张让民主的理想贯穿于整个社会和人际关系。通过公民自由和公开讨论形成的、通过民主选举表达出来的共同愿望，高于所有其他权力语言和利益。民主因此高于市场。通过民主，公民们可以就社会发展所要遵循的原则，就社会与个人、公共部门与市场之间的任务和责任划分做出决定。

社会民主党人主张，作为公民、工薪者和消费者，每个人都有权利和机会影响生产的方向、分配和劳动生活的组织与劳动生活的条件。在这方面，工会运动发挥着中心作用。但其他自由团体、人民运动和业余活动组织、教育组织、环保运动、消费者组织和合作社协会对扩大民主、深化民主也起着重要作用。

气候危机和环境污染都说明人类不保护自然就不能生存。我们的生存要求一个长久的、可持续的发展，以便在不危及下一代人实现自己梦想可能性的情况下，满足现在这一代人的需要。

社会民主党人的民主观没有民族边界。民主的目标是以民主理想为基础的世界共同体。民主要求免受贫困和恐惧的自由，同时也要求与其他人共同发展的自由和可能性。因此政治自由必须与经济、社会和文化基本权利相结合。

国际团结意味着捍卫人权，扩大的民主影响，并给为民主而斗争的运动以明确支持。但是这也包括在全球范围内扩大民主的影响力。这就需要各个国家之间，世界各国民间组织、运动之间的全球性的合作。国际机构必须有力量控制并平衡国际资本的影响，成为民主、公平和可持续性开发的工具。

三、我们的价值观

（一）民主

社会民主党人以社会上存在的权力差别为出发点，深信政治有能力创造一个更好的未来。社会民主主义扎根于对人的优先性和人的同等的、不可侵犯的价值的深刻认知。

社会民主主义主张自由。这里包括表达己见的自由，包括批评、宣传和舆论的自由，包括共同与他人创建未来的权利、自由和实际可能。这些民主的权利不能变成某些组织的专利品。所有人都有权影响社会的发展。

民主不仅仅是决定和实施一个程序。民主是一个价值体系，必须贯穿于整个社会生活。公民的自由与权利为一切行动提供了必要条件，但仅有它们还不够，还必须辅之以个人发展的权利、社会保障以及参与和影响劳动生活和日常生活的权利。只有这样人们才能真正实现民主。因此民主必须扩大到经济和社会领域。

同时，民主要求人人尊重他人的民主权利，承担自己那一部分社会工作，实行已经做出的决定，即使这些决定与自己的愿望相悖。民主授予人们宣传自己观点、追求个人利益的权利，同时它又意味着听取他人意见的义务。它不能排除矛盾和冲突，但要求大家做好以民主形式解决矛盾的准备。

民主优先的原则本身就包含着对社会发展是可以影响的而且可以改变的信念。维护这一信念，使人们能够创造自己的未来是社会民主党人的最重要的任务。

社会民主党人改革社会的工具是改良主义：通过政治改革使社会向人们希望看到的方向逐步发生变化。

这样一个工程永远不会完结。因此，人们对各种理论不能持教条主义态度。人们对真实的、活跃的、不断变化的生活的抽象认识是不可能一次完成的。改革工作只能以人们在不断进行对话和讨论中发现的社会需要和要求为出发点。

社会民主党人主张保持并发展民主的社会管理机构。从这个立场出发，我们认为国家元首应该通过民主程序任命，君主制应该予以废除。

（二）自由、平等与团结

社会民主主义是一个自由运动，深知自由只有通过平等才能实现。人们手中权力的差距意味着自由程度上的差距。我们的目标是消除权力上的差别，以便逐步增加社会上的自由。

社会权力的差距是不容易消除的。当人们发展的可能性取决于其是否属于某个团体的时候，就说明权力结构的存在。阶级、性别、性别和性倾向是决定人们的自由和个人的独立性的几个因素，不管他们是谁。

统计结果表明，收入低的或者受教育程度比较低的人的寿命也比较短，他们更容易生病，更容易失业，就业条件和得到的护理也比较差。他们的孩子有着更大的失业危险，健康也可能更差。这不是人们自由选择的结果。

只要健康、孩子们的生活中的可能性或者失业的危险在居民中的分配不是偶然性的，就不是人的自由选择的结果。社会民主党主张自由应该是如此之大，以致阶级、性别和种族之类的外在因素不能影响人们过上好日子的机会。

平等不是千篇一律。相反，平等是真正的多样化的前提，因为它给人们以机会可以按自己的愿望办事。只有自由选择，才会出现不同的发展。

有了自由选择才会有真正的自由。没有一个可以不断给予人们发展和进步提供机会的强大的社会，自由只不过是一种幻想。只有面对机会时，人们才会奋斗。因此自由不仅需要没有贫困与压迫，也需要物质保障、社会保障和不断出现的新机会。

人们之间深深的相互依赖使得平等对自由更显重要。人类不是生活在孤岛上。我们共同创建了世界。世界又改造了我们。人际关系也在我们身上打下了烙印。它在我们的相互关系中起着作用。因此，社会上人们的平等程度影响着每一个人的自由。

人们之间的相互依赖是团结的核心。对别人的关心中，有着对他人的关照，也有尽自己最大努力的意向。与他人团结在一起的决心是以别人也会同样做，也会尽力去做的信念为基础的。团结是促进自由的力量，因为，只有人人获得自由，个人才是自由的。只有没有陷入困境的人对别人受到的不公平待遇表示愤慨时，公平才会真正出现。

社会民主党人的任务是支持那些弱势的人们。只有这样，我们社会上的自由才会扩大。

（三）劳动的价值

劳动是个人自由与福利的基础。参与劳动生活既有助于自我发展也有利于共同体的形成。充分就业加强了工薪者的集体地位。社会民主党人认为人们参加劳动的愿望是社会最重要的资源。

每人都有权利和义务参加其力所能及的工作。每人都有权利得到一份富有意义的工作。

每个认真工作的人都应该受到社会尊重，但所有的工作不一定都是好工作。我们致力于劳动组织起到传教作用,使工作者得到机会发展。社会民主党人致力于实现人们对一份好工作的梦想。因此工薪者必须赢得对劳动条件的更大决定权。

劳动生活应该这样地进行组织,以便使每人都因为自己的工作和贡献受到重视和尊重。每个人在工作中和创业中都应感受到生命安全和健康保障。人人都能够在工薪工作与业余生活之间取得平衡,使其工作可以与对子女、家庭的责任相结合。个人发展的自由应该既存在于工作中,也存在于业余时间里。

四、我们的社会观

(一) 什么创造了社会?

社会民主主义诞生于对生产和生产条件、对社会和人们的生活条件的根本性的认知中。当现代机械技术和工业生产方式取得突破时不仅仅是改变了生产的方式,也改变了整个社会,改变了人类认识自己和认识世界的方式。它影响了人们日常生活的条件,最后也影响了整个社会组织。

从这个意义上说,工人运动的意识形态就是分析社会发展的一种方式,最根本的是唯物主义历史观,即技术、资本积累和劳动组织等因素对社会和人们的社会条件具有决定性作用的认知。

组织生产商品和服务的方式有着巨大意义。但它不能为社会所有问题提供答案。社会再生产也起着极为重要的作用。这种意义上的再生产包括家庭生活、食物、休息和休闲等,也包括所有那些使我们在工作生活中可以发挥作用的条件:护理、教育、自我社会能力的开发等。如何组织再生产对社会发展、对人类认识自我、世界和生产秩序有着同样的重要性。

传统上,对家和家庭的责任是妇女的事。对这些工作大部分不要支付工资。社会民主党的福利社会建设把大部分再生产任务交给了公共部门,从而部分地改变了这种分工。这使人人接受教育、人人有医疗保健成为可能，而不管其收入多少。这也为一大批人增加了个人自由，这里既包括摆脱了家庭束缚的妇女，也包括所有那些得到福利服务的人。普遍性福利的建设对瑞典经济增长起的作用之大，很少有别的部门可以与之匹敌。

社会发展的另一个先决条件是自然资源。工业化取得突破后产生的巨大财富增长既来自于人们的劳动，同样也来自于廉价的能源，首先是石油资源。我们现在生活之下的生产秩序，从一开始就建筑在可耗尽资源基础上，其使用能源的方式使它变得不可持续。

生产和再生产可以用许多不同方式进行，但大自然的忍受能力是绝对不变的。它对什么能做、什么不能做划定了界限。因此我们必须彻底改变对待大自然的方式。我们今天所知的增长是基于对可耗尽资源的使用，对此必须进行改变。为了未来几代人的利益，立刻改换成可持续的增长，就成为我们这一代人必须面对的最为迫切的任务。

(二) **市场与资本主义**

当市场高效发挥时，它成为人们创造能力和创造性的强大催化剂。这种活力创造了巨大财富，改善了我们的生活，并帮助相当大的一部分人摆脱了贫困。

市场内含的破坏性力量，却有着自毁的趋势。这一内在的集中和垄断的欲望是多样化——市场自身活力的前提的死敌。当利润变成压倒一切的利益时，社会的目标变成了次要的东西，从而导致了对人类和环境的掠夺。市场也不能充分利用社会的生产资源。利润追求不会经常创造就业。即使经济强势增长时，失业也会存在。

应该把纯粹的资本主义与市场经济相分离。它是市场的破坏性的一面。概括地说，它是一种权力制度。它授予了资本的所有者以决定其他一切因素的权力，它使得人的价值和权利取决于其经济利润率。除了大资本家之外，这种权力制度为所有人带来的都是不自由。它制造了不平等的分配，巨大的不公平，它在国内和国家之间造成了严重的社会紧张。它导致了对环境和自然资源的严重掠夺。因此**社会民主党是一个反对资本主义的政党**。

要想使市场发挥正常作用，必须由民主机构为之制定其所需要的稳定的游戏规则。世界上反复出现的金融危机也说明了这一点。只有独立于市场的机构才能制定出保护竞争、打破向着私人垄断发展趋势的规则体系。这些机构还需要做出制止掠夺的决定，因为市场机制解决不了没法定价的空气和水源管理问题。

人类活动可以组织成不同形式。在任何时候都是最好的组织形式并不存在。 社会民主党主张，人们应该对各种组织形式进行试验，以公平和效率为标准，决定什么是最佳方案。在不同行业、不同时间，可以在民主和市场之间做不同的选择。**某些领域从来不适合市场机制。不依据其收入多少，所有人都应该得到的社会权利，不能由市场来分配。**

社会民主党人致力于建立这样一个经济秩序，使每个人作为公民、工薪者和消费者都有权利和机会影响生产的方向和分配，劳动的组织和劳动生活的条件。这个秩序有着不同形式的所有制，能够激励人们开办企业。在这里，人们把企业和企业领导当做经济中的重要角色。这要求在生产生活中尊重所有工作，重视每个人的作用与贡献，对生产结果进行公平的分配。它把对环境考虑放在高于生产之上的地位。

市场和利润是经济生活的一部分。但市场从来没有权力为民主划定界限。恰恰相反，政治总是有权对经济规定条件和框架。

对经济发展提出的许多不同的要求，仅仅靠政治决定或者仅仅靠市场机制，都是无法解决的。这里要求一种混合经济，一种建筑在社会措施、市场机制、高效公共部门、负责的企业、强大的工会组织和觉悟的积极的消费者相结合并以此为基础的经济。

为了建设一个更好的社会，社会民主党人愿意团结所有健康力量。这个目标也只有在合作中才能实现。

（三）权力结构

社会民主党人希望看到一个没有上层没有下层的社会，因此反对任何减少个人自由的权力差别。在一部分人低于另一部分人的社会里无法实现人们的同等价值，这个信念就是我们斗争的出发点。

如果仅仅因为属于某个集团或者组织，人们的生活条件和生活机会就会出现一系列的差别，这个社会一定属于一个权力结构的社会。这里个人并不被当做人看待，也不能依照其个人条件和个人选择得到发展。选择被迫让位于某种取决于其阶级、性别或者种族的属性，或者行动能力、年龄或者性爱取向、性别属性和性别标志上的不同。许多人受到双重的甚至多重的压迫，因为各种权力结构相互强化并协作。

集团属性影响到人们的经济条件和人们对自己生活、工作和影响社会可能性的控制。权力结构给某些人以特权，同时又限制其他人成长和发展的可能性。从当前权力结构中得到政治、社会和经济好处的人，从保存现有结构中可以赢得很大利益。

经济生活中形成的阶级结构对于理解社会不平等问题至关重要。阶级这个概念是描述由生产生活所带来的一系列生活条件上的差距。阶级差别削减了人们的自由。这些阶级差别通过成年人的生活又转化为儿童的条件，将来可能会变成更大的差距。

但是上层与下层社会结构不是完全由劳动条件造成的，其他因素也打下了自己的烙印。当今社会建筑在许多排他性规范基础上，它们制造了什么人、什么性格属于正常和不正常的观念。被认为是正常的东西比不正常的东西得到了更多的优惠待遇。因此，要想实现真正的平等仅仅对阶级差别采取措施是不够的，必须对其他权力机构和其他压迫性规范有意识地展开斗争。

一个显而易见的权力结构是人们所称的性别权力结构。这种由系统造成的性别歧视在妇女和男人之间制造了不同的生活条件。在社会各阶级中妇女的条件与男人都不相同。她们的工资平均较低，她们为家庭和孩子承担了更多的没有报酬的工作。人们在思想里对男性和女性进行了严格划分。这种划分限制了妇女选择生活的可能性，但同时也挤压了男性发展的可能性。

在强大的再生产的、社会的和政治的权利支持下我们可以共同建设一个更加人性的社会，使得女人和男人在家庭生活、职业生活和社会生活中有着同等权利和同等责任。基于这一基本观点，社会民主党是一个女权主义政党。

我们的社会还存在种族主义结构，它限制着某些人的生活，同时给另外一些人特权。种族主义者凭着想象把人们分成不同种族群体，并维护他们之间在权力和资源占有方面的差距。

今天我们在劳动市场上看到的在就业程度、工资和机会方面的巨大差别，往往取决于人们的种族、宗教和文化属性上的不同。日益增长的居住隔离使得不同种族群体之间在平等方面的差距暴露无遗。这种情形在政治团体和其他权力机构当选之代表的构成中更是如此。

在种族主义和社会阶级结构之间相互强化的同时，在社会讨论中存在着把贫困群体和地方的阶级结构当做种族问题处理的危险。社会民主党人坚决反对这种做法。

与种族主义作斗争的最好办法是通过创造全面就业和发展普遍福利来加强平等。反对种族主义的斗争也包括反对种族偏见。社会民主党是一个反对种族主义的政党，致力于不同肤色、种族、宗教和不同文化属性群体之间的平等。

我们社会民主党人致力于文化融合，支持具有不同文化和不同背景的人们之间的交流。这种交流以人人同等价值和同等权利为基础，而不论其社会、性别和种族背景。

平等政策必须反对各种形式的上下层结构性安排。必须从整体上认识到不同形式的压迫性结构之间的相互加强作用。广义上的平等工作将是社会民主党的长期任务。

五、当今之世界

（一）当代的巨大挑战及其应对方案

我们生活在全球化的时代。世界上，人们之间相互依赖的程度之大前所未有。

不断加强的国际贸易、民主价值的扩散和新的科学发明创造的经济繁荣，使上亿人口摆脱了贫困。世界人均寿命在增长，儿童死亡率下降。越来越多的人学会了阅读，更多的国家走上了民主道路。

全球化和日益扩大的国际贸易带来的货物和服务出口的巨大增长，对瑞典经济发展起着巨大作用。现在瑞典国民经济总产值的一半来自出口。这一增长促进了就业和福利。但它也使瑞典社会越来越依赖于周围世界。

随着全球化的发展部分世界权力发生了转移。过去西方国家曾经是世界的权力中心，而现在经济增长势头在另外一些国家却更为强大、最为持久。这不仅对世界经济秩序，而且对政治和文化秩序都产生了巨大影响。全球权力从过去支配性的北方国家向迅速增长的南方经济体移动是一种积极发展，但它同时又是对自由和民主的严重威胁，因为这些起着更大作用的国家中的某些国家是不民主的，也不尊重人权。国际化也带来了新的民主参与的挑战。许多过去在国内就可决定的事务，今天需要达成国际协议和进行跨国界的立法。

资本几乎是跨边界地自由流动。经济利益对国内基地的依赖在缩小，所有者结构已经变化。存在着重点由长期生产性投资转向追逐短期利润的危险。金融泡沫在扩大，一旦破裂，会导致百万人的失业和贫困增长这种灾难性后果。

经济上的真实的易伤害性与金融经济的成功之间存在着断裂。股市上扬并不意味着失业下降和人民生活水平的提高。大型企业聚集到越来越大的世界规模的康采恩之中，创造了没有民主控制的巨大的经济权力中心。迅速增长的经济繁荣经常建立在利用廉价劳动力和残酷的雇用条件的基础上。

同时抗衡力量在扩大，工会的国际合作在增长。透明度和媒体监督的增加赋予工会新的努力的可能。越来越多的企业意识到承担社会义务、尊重工薪者的权利符合它们的长远利益。

自然资源的耗费、对环境和气候的威胁并不受国家边界的限制。人类燃烧石化燃料的结果使大气层中二氧化碳含量大大增加。全世界平均温度上升。海洋表面温度提高。市场在节约空气和水等无价资源上的无能和由此产生的掠夺，造成了对人类存在的威胁。迄今人们尚未成功地扭转这一发展，也没有造成必要的温室废气排放下降。气候危机可能是人类面对的最为困难的挑战。这确确实实地关系到我们大家的生存。

在数亿民众摆脱了贫困的同时，新的沟壑正在出现。世界上许多国家内部差距在扩大。在经济繁荣的果实日渐落入极少数人手中的同时，广大民众却因缺乏足够资源，无法保持一定的经济需求水平，经济发展因此面临停滞的危险。移民在增长。人们为新的工作所吸引，想抓住更好生活的机会。世界上，越来越多的人居住在城市里。这既是得到更好生活的极好机会，也有被排挤到新的贫民窟的危险。

发达国家的实际工资虽然没有与繁荣同步增长，但人们通过更大的借贷弥补了资金不足，从而避免了严重的分配冲突的出现。债务经济造成的经济不稳定性触发了2010年底的本世纪最严重的金融危机。在经济危机的阴影里，人们目睹了仇外活动的扩大、右翼极端势力的上升，而民主的信念则在下降，特别是在欧洲，这种发展更为令人不安。

全球化、气候问题和正在增长的不平等显示出人们之间的相互依赖非常之深。对人类历史上最大繁荣增长做出贡献的全球劳动分工使得成百万的民众通过复杂的网络相互协作，而彼此之间却从未见面。我们的日常消费品留下了来自许多不同国家的难以计数的人们的痕迹，他们以不同的方式助使某个产品到达我们手中。这个经济制度和这些私人企业完全依赖于周围世界，依赖于自然界所提供的资源，依赖于只有社会机构才能制定并维护的游戏规则和基础设施，依赖于职工们利用自己技能制造的产品，而且还依赖于消费者用自己的需求去支付生产费用。

在现代社会里，依赖的形式是全球性的，是抽象的，非人格化的。对使我们生活得以运转的芸芸众生我们毫无所知。但我们对这种依赖关系充满信任，认为这是理所当然的。这可能是因为，否则生活就变得毫不安全，令人无法忍受。这加强了人们的那种认为自己是独立的个人的感识。具有讽刺意味的是，社会实际依赖关系越是广泛，我们的这种独立性感觉就越深。

这种依赖实际上一直存在，只是今天比过去变得更加深刻。现在我们比以往任何时候都更加明白，应对当代人所面对的巨大挑战的答案就存在于我们自己。除非我们共同地、以民主的方式、在许多情形下还需要跨国界地进行合作，这些挑战将无法应对。任何个人和市场都不能完成这一任务。一个没有边界的和平的自由的世界是社会民主党人的长远目标。

我们只有团结起来，才能就将来如何共同生活的问题，共同做出艰难但却必要的决定。

(二) 社会发展的新条件

劳资矛盾仍然可以用来解释许多社会发展问题。但是冲突的表现形式也在不断地翻新。

一个主要变化是所有者与对生产和企业的直接责任之间的联系在明显地削弱，从而在许多方面减少了公民、消费者和工薪人员对生产的影响。所有者被匿名化和机构化了：投资公司、股份基金、退休金基金和管理他人资本的公司占据了资本积累和资本管理上的越来越大的份额。大型公司正在走向国际化，同时小型公司在发挥着重要作用。所有这些对劳动者和社会都意味着新的条件。

资本的国际流动推动了利润要求的扩大，使得资本所占据的生产成果份额上升。这影响了生产，使工作频率提高，解雇威胁增多和更多地使用临时性人员。

许多机构性资金来自用工薪者自己的钱建立起来的退休金基金和保险公司。对工薪者来说这意味着新的影响资本如何使用的共同机会。但从长远来看，劳资之间的界限可能会走向松动。

信息技术的翻天覆地的变化刺激着全球化的迅猛发展。它为国际资本创造了新的条件，使跨国界的经济交易可以瞬息完成，缩短了决策程序和决策过程。

信息化使许多人的日常生活发生了革命性变化。这种没有边界的通讯为知识传播开辟了新的道路，创造了新的会面地点，建立了新的社会关系。它增加了个人选择新的伙伴、新的生活方式和身份的自由。这些技术对民主的发展起着巨大作用。数字媒体为世界范围的自由流动提供了高效的工具，同时也给古老的民主机构带来了新的生命力。

工业产品在我们的国民经济中仍然占据很大份额，但其在总就业人口中的比例在下降。正在上升的服务行业对就业的重要性迅速上升，其工作环境和工作组织也展现出不同的样式。

知识和技能在劳动生活中的重要性越来越大。企业的成功越来越依赖于职工的知识水平。对高等教育的需求上升。同时也要求社会能力，包括与他人合作的能力和独立完成各种任务的能力。以经典的社会主义观点看来，这有助于劳动者重新获得对自己工作的控制，从而会加强其在劳动生活中的地位。劳资之间的权力关系发生了变化，劳动者的地位得到了加强。

但是存在着不同发展。与劳动市场联系脆弱的被社会排挤在外的新的无产者群体在增长。劳动市场上被边缘化的群体与得到特权最多的群体之间的距离很大，而且还在扩大。

前几年发生的金融危机清楚地表明，认为劳动市场可以自行调节的观点与事实不符。危机表明了民主对抗体和国际协议对防止失去调节的劳动市场的破产的重要性。但事情并非如此简单。金融危机同样也可以从世界人口中相当一大部分人缺乏社会保障的事实中得到解释。

在世界上某些国家缺乏有保障的养老金、社会保险和其他福利，人们不得不用自己的储蓄进行弥补。这造成了一种情况，某些国家不断出现巨大的经常项目顺差。这意味着他们的消费少于生产，依靠其他国家的需求来维持其出口经济的运转。

一些国家储蓄的增长反映了别的一些国家债务的增加。这在很大程度上也可以用社会模式的缺乏来解释。在经济中的利润份额已经上升情形下，实际工资却数十年来没有随之增长，这些国家的人民通过更多的借债提高了生活水平。

综合起来看，几大贸易体之间的贸易不平衡正在以难以为继的方式扩大。世界经济继续向着债务经济方向发展。所形成的深层的巨大的不稳定逐步扩大并最终爆发，就变成了严重的国际金融危机。在危机阴影中，私人债务被国家接管。随之而来的是几个国家公民为此作出了巨大牺牲，他们的工资下降、社会保障被削弱，公共部门开支也被急剧削减。

(三) 对思想的权力

人类生活的领域越来越多地受到市场逻辑的控制。在民主在世界上扩大领地的同时，市场却在民主受损的情况下扩大了辖区。当民主被挤压之时，个人的自由并不会增加，其他权力群体特别是强大的经济利益体将会填补空白、取而代之。

我们的生活中出现了许多关于经济驱动力量的高级试验，它们通过价格、折扣、收费、税收等手段影响着人们的生活方式。在某些领域里，经济手段可以有效地刺激更加健康的生活方式或者承担起更大的个人环保责任。但当经济刺激变成支配性工具和市场逻辑变成唯一的操作方式时，社会就会变得更加贫困。当每件东西都有标价时，所有东西就失去了价值。

社会民主党人社会观的基础观点是，人们是由周围世界创造的。社会民主党通过改革试图建立这样一个社会，这里相互团结与个人利益相结合，从而使人们可以很容易地与别人和睦相处，共同建立一个更加人道的社会。

今天人们生活于其中的世界告诉我们的则是人性的完全不同的另外一些方面。一些人心目中的懂经济的人、富于心计的、精于计算的、能占尽好处的人，过去主要存在于经济模式的设计中。但作为政治决定的典型，这类人日渐成为生活中的现实。

我们生活在一个以物质刺激为手段的社会中，人们经常会陷入这样一种处境，不得不从个人利益出发对得失进行经济评估。一项主要以人们的个人利益为出发点的政策，必将推动人们以这种方式行事。社会由此塑造了人们的行为。

与此同时，我们看到越来越多的事物被个体化了。尽管一个问题大家都会碰到，按定义它应该是个社会问题，尽管我们的成功或者挫折都依赖于周围社会，但人们还是经常让个人为其成功或者失败承担全部责任。这减少了人们对政治作为改造社会的力量的信心。人人变成了个人幸福的打造者，而人们共同可为之事却变得十分遥远。

市场奖励人们的某些能力，而压制另外一些特长。市场机制的核心是竞争，强者战胜弱者。资本主义企图把这个原则上升为整个社会发展、个人行动和人类价值的规范。

在物质刺激社会里，诸如团结、同情等人类价值被扭曲为利润估算。劳动力被当做可使用的商品。儿童对父母时间的需要让位于劳动生活对雇员的要求。人们对共同体和社会赞赏的自然想往变成了商业开发的硬性目标。结果变成了缺乏信任与集体感的社会。资本主义的价值观影响了社会讨论和舆论的形成，并以这种方式行使了左右人们的有关世界秩序的思想的权力。

同时，这种向着市场不断前进的运动，唤醒了人们对不能仅仅按市场指引的方向、而应尽可能以不同方式发展的想往。

（四）新的不平等

比之于绝大多数其他国家，在瑞典人们有按照自己愿望组建生活的更大自由。陈旧的、有关人们该如何生活的束缚性观念已经减少，同时，保证个人独立性的物质繁荣和福利国家给予人们组建自己生活的更大机会。

但是今天我们看到，这些福利正在受到挤压。这种发展从长远看会对广大民众产生严重影响。一个分道扬镳的社会将使全社会——而不仅仅只是社会最下层——都受到伤害。

国家之间的差距正在缩小，尽管速度很慢。同时，长期以来，各国家内部的收入差距却在缓慢地增长。在许多国家差距是如此之大，既威胁着社会团结，也威胁着其经济增长，甚至瑞典近几十年来差距也在拉大。

劳动市场上的发展促进了不平等发展。瑞典长期以来失业率很低，几乎可以忽略，而就业率却居于世界最高水平。但20世纪90年代的危机之后，瑞典失业率开始向其他国家靠拢。每次经济低潮之后，失业都会停留在一个较之前更高的水平上。

被筛掉的劳力增加，而同时回到劳动市场的可能性在减少。在有工作的职工和站在劳动市场之外的人群之间被打入了一个楔子。劳动市场本身也出现了两极化。高质量的有发展前途的工作在增长，但同时雇用条件不稳定的工作也在增加。在体力上和心理上压力大的工作环境中，过多的人的生命和健康受到威胁。劳动时间扩展到人们生活中的许多领域：有些人不得不在不舒服或者不规则的时间工作，另外一些人不得不随时应召，在不固定时间，甚至自由时间工作。

瑞典社会日益增长的社会差别原因是多方面的。日益增长的全球化改变了劳资力量对比。迄今为止，资方影响在扩大。

与此同时，上个世纪末发生的自由主义浪潮推动了政治变迁。世界经济条件的变化也有助于世界右翼取得成功。强大的经济势力为经济和社会差别扩大的合法化投下了巨资。普遍性的福利制度被描绘为阻碍自由经济活动的官僚机器，实现社会平等的努力成了对个人自由的威胁。

他们对平等思想的大规模围攻是相当有效的。它使得经济精英们得到了授予自己巨大的、令人触目惊心的特权，急剧地扩大了社会贫困差距，扩大了企业职工与企业所有者、领导层之间的差距。

尽管近十年来自由主义的试验证明，致力于平等社会的国家有着更好的发展条件，但仍然有许多国家，包括资产阶级执政的瑞典，执行了一种有意识地扩大差距的政策。该政策的目的是变更瑞典制度。

（五）气候变化

气候问题是关乎时代命运的问题。如果气温继续以当前速度升高，将会对地球生物带来严重后果，冰川融化，海水表面温度上升，旱灾增加，极端天气威胁着地球的生态体系。动物和植物种类面对绝灭的危险。人类供给的可能性面临消失的危险。

气候与环境问题在国家和国际政治中的重要性在迅速增大。但是地球生态系统受到的压力太大了。这些压力既来自耗费资源的生产技术，也来自工业国家发展起来同样耗费资源的消费模式。现有的对资源友好的技术推广实在太慢，使现存的经济和社会结构向生态可持续转型难以进行。

气候和环境问题表明民主国家的经济也会是掠夺性的。当人们仅仅考虑为当前福利创造了多少财富，而不同时考虑为此消耗了多少资源时，这种情况就会发生。环境问题为关于经济权力的讨论提供了一个新的视角，不管什么所有制，也不管生产果实如何分配，都是一样。

环境政策本身就包括几个方面的分配政策问题。首先，这是个涉及几代人的问题，当前这一代人没有权利，为了自己的福利，耗尽所有自然资源和生活环境，因为这也是未来几代人生存的基础。

这关系到世界穷国和富国之间、排放量大与排放量小国家之间，同一国家内部穷人和富人之间的分配问题。那些经济条件最好的国家造成的问题最多，同时却经常有着解决气候问题的最好条件。世界各国之间的不平等所引起的相互猜疑使得关于气候问题的国际谈判未能取得足够进展。

棘手的分配问题表明问题的解决必须是全球性的。温室废气排放量最大的富国必须承担减排的最大责任。这就要求巨大的社会调整。动员民众为变革作好准备是社会民主党的长项，也是建设可持续发展社会不可缺少的条件。在这方面，社会民主党可以把环境政策调整与社会和经济发展相结合，发挥其独特的作用。走向可持续发展的大调整意味着新发明、更多工作和提高生活质量的更多机会。

（六）寻求变化的运动

民主鼓励人们增加对自己生活的影响，不接受自己不能影响的力量的控制。这些以及民主价值本身都是对资本利益支配社会发展的最强大的防御。

现在反对国际资本的各种力量都在增长。各国政府正在研究国际合作的新形式。各个国家正在更新其政治—经济工具，在最大程度上压缩投机势力的活动空间。工会组织正在制定战略，以反对通过压低工资和恶化工作环境进行的恶性竞争。人民运动在利用现代技术，动员舆论并协调行动。消费者对跨国企业在贫穷国家的作为的抗议迫使它们开始承担其社会责任。保护环境、支持向可持续方向发展的各项行动都是反对掠夺自然的联合力量。

当前世界权力向国际资本的转移并非是不可避免的，也不是不可改变的全球化结果。通过有意识的政治和工会工作可以打破这一发展。新的可以消除差别、扩大民主和福利的巨大机会正在出现。但需要有政治意志和政治力量来利用这些机会。

社会民主党愿意成为这种政治力量的一部分，主张把全球化变成民主、公平和持续发展的工具。

六、我们的政策

（一）所有人的自由，整个世界的和平

对人权的尊重是民主的前提。社会民主党人拒绝接受任何基于政治或者经济利益的权力侵犯人权。

人权工作与发展、和平和安全密切相连，我们社会民主党人愿意加强这一联系。我们愿意与国内外社会各界代表共同研究并开发政治的、经济的、人道主义的和促进和平的工具，以便建立一个男女同等的价值与权利受到尊重的世界。

这项工作的一个中心环节是提高妇女地位，改善儿童的成长条件。这要求实行计划生育的权利与可能。妇女必须有接受教育的权利、决定自己经济的权利，特别是决定自己身体的权利。

国际团结的目的是在全球范围内扩大民主。我们希望国际机构，不管是全球性的还是地区性的，都变成自由、民主、平等和可持续发展的有力工具。

军事裁军是国际合作的一项基本内容。国际社会已经就禁止生化武器达成了协议，我们愿意以同样方式就禁止核武器签订国际公约。面对某些不受国际条约管辖的、极端不民主的国家和恐怖主义集团制造大规模杀伤性武器的危险，国际社会必须采取特别措施。在反对非法武器贸易的斗争中也应如此办理。

不能允许任何国家或者恐怖主义集团使用军事或经济手段强迫其他国

家屈从其要求。各国自己有权消除这类攻击是主权国家间国际合作的基本前提。

同样重要的前提是对人权的尊重。个人在自由和安全中生活的权利必须永远受到尊重。国际社会必须在民众群体受到严重威胁时做出反应,即使这种威胁来自控制国家机器的人们也在所不惜。任何恐怖行为,殊如针对平民的有组织的暴力,都应该随时受到反对。

联合国以维护和平为目的的干预能力必须得到加强。安理会的否决权必须受到限制。在所有国家内部和在国际冲突中使用武力时必须以联合国和联合国宪章为指导。

在当今世界上,造成武装冲突的原因常常不是军事的而是其他紧张关系。经济差别、种族和社会矛盾对和平造成了更大威胁,但它们经常表现为国内冲突而不是国际冲突。因此,维护和平的长期政策应该针对酿成暴力的深层的社会和经济因素。消除贫困,加强民主和人权,建立并维护和平等目标相互交叉并相互支持。

我们认为对整个联合国体系必须进行改革,以便建立一个更能反映当今世界情况的、建立在民主基础上的全球决策机构。联合国应该与国际民间组织进行对话,应该在维护人权、消除贫困、在气候与环保工作中起领导作用。

瑞典对外援助应该不少于国民总收入之1%。发展工作应该以发展中国家的本身资源为基础。支持在地方也在全球范围内建立民主机构,发展强大的民间社会。

瑞典应该为逃离迫害和暴力侵犯的人提供安全的庇护所。我们愿意大方地、有秩序地接受移民。所有城市都有责任接受难民,并采取措施使他们得到工作以自食其力,得到教育和自己的住房。

(二) 全球化和公平

为了应对我们这一代人面对的最大的挑战,我们必须进行跨越国家边界的合作。许多传统上被当做国内政策的事务,如就业政策和打击犯罪政策等,在越来越大的程度上也要求我们联合起来。

政治和工会组织一向是对付资本利益的有力武器。对抗当代资本主义最好办法是在强大的民间社会支持下的政治与工会的有意识的协调一致的联合行动。

这个行动的重要一环是在各个国际组织内争取把国际经济规则建筑在对民主、社会公平和保护环境尊重的基础上。自由贸易协定、国际环保协定和工薪者权利的公约都是重要工具。

同时也要研发能够增加国际金融体系稳定性的、能够抵御短期性投机并能促进长期性投资的工具。对金融活动或者交易在全球范围收税就是一个这样的工具。

良好的工作条件、公平的工资和对周围环境负责精神，必须通过不同的途径同时实现。这要求工会组织跨边界的、在跨国公司内部的广泛合作，同时要积极支持在贫穷国家建立工会。国际劳工组织（ILO）的基本的核心条款和有关方面的国际协议是对抗追逐短期利润的重要工具。

消费者针对违反规定企业的积极行动能够明显地改善国际劳动条件。在消费者监督方面，人民运动可以发挥重要作用。应该努力对跨国公司进行系统的全面监督，努力对工会工作和消费者行动进行协调。机构性资本应该在工薪者权利、企业社会义务和对环境负责方面起推动作用。

为了实现长期的可持续发展，我们致力于达成全球性的劳资协议。这样一份全球性总体协议应该明确规定未来的劳资关系，阐明各方对社会和环境可持续性发展的责任。

自由贸易是促进全球经济发展的最为重要的工具之一，但前提是国际贸易规则应该是公平的。贸易协定不能成为强大的资本利益对付穷国的工具，也不能用来把穷国关在富国市场之外。

国际贸易协定必须与国际环保协定相一致，同时还必须与有关国际劳动环境和工薪者权利的协定相协调。

(三) 环境责任与可持续发展

环境和气候问题是全球性问题。明智地节约地球资源是人类未来的前提。经济发展必须与生态持续相协调，未来几代人必须能够与清洁空气、干净水源、可持续气候和繁盛物种生活在一起。但今天人们利用资源和生态系统的方式超过了从长远观点看的可持续的界限。如果这种发展不能扭转，生态毁灭不可避免。

把发展转到可持续轨道是整个世界的责任，但目前排放量最大的那些富国应该走在前头。

社会民主党人认为，在国内和国际上提出倡议并采取紧急行动是我们的任务。瑞典将推动国际社会就气候问题达成新的协议，推动欧盟实行一项从长远观点看可持续的发展政策，在国内、在气候政策中起到先锋作用。

总体要求是改变生产方式、住房、能源和交通系统，使之向着节约资源、高效使用能源方向发展。其转变方式应该有利于社会公平。这就要求大大削减目前的能源用量，彻底改变目前的生产和消费模式。这要求改变对繁荣的看法，要求经济合理化、新的社会和城市规划、全球性协议和每个人对自己消费的责任感。

对环境的考虑从一开始就应该置于生产的流程中。必须提高自然资源的使用效率。能源生产必须调整。生物多样化必须得到保护。农业政策应该保证土地使用的可持续性，保证食品供应。

我们的运输政策应该调整，应该建造更多的人行道、自行车道和公共集体交通，努力用铁路和海路交通来代替公路交通。同时要加大投资，发展节约能源的发动机、研发新型燃料和更好的清洁技术。所有对环境带来影响的排泄和排气必须减少到最小量。

我们的能源系统必须进行调整。对环境友好的、必须用可以更新的能源代替石化能源和核能。这要求研发新型的能源并更有效地利用现有能源，以减少消耗总量。

向生态可持续方向的转化将极大地拉动经济增长，因为它提供了能源节约性技术、新的运输方式和新型能源生产方面的需求。这种转型不能以增加失业和减少社会保障的方式进行。这需要一种战略性的环境政策，加强研究、进行立法和不同的经济调控手段是其最重要的工具。目标明确的公共部门和私人企业在可持续发展问题上进行的大力协作必将推动瑞典成为在新型低耗性能源、适应环境技术和新型能源生产方面世界领先的出口国。

（四）一个社会的和民主的欧洲

瑞典有充分的理由加入欧盟：欧盟是欧洲大陆和平民主的聚合力量，而上个世纪这里战火肆虐、专制横行。欧盟内部合作为其成员国提供了应对未来政治与经济挑战的更好机会。欧盟在推动世界发展和人权领域可以发挥更大的作用。

为了充分利用欧盟合作带来的所有机会，欧盟共同政策应该调整到新的方向，欧盟组织也必须进行变革。欧洲货币合作中产生的危机及其带来的经济和社会问题，不能妨碍欧盟在其他领域内的合作。我们社会民主党人主张欧盟成为一个支持社会公平、全面就业和可持续发展的联盟。

我们支持货物、人员、服务和资本的自由流动原则。但企业在内部市场上的自由绝不能破坏工薪者的同等待遇的原则，也不能破坏经济的、社会的和环境可持续发展的原则。因此内部市场必须制定明确的、考虑社会和环境的规范制度。

我们主张制定欧洲全面就业政策。这一政策应该以尊重工薪者权利为基础，制止社会倾销。欧洲内部市场上的自由流动必须以工薪者跨边界的工会工作以及共同的最低标准为基础，以保护职工的权利。

作为向可持续发展转化的一环，也是为了减少富国的资源消耗，欧盟必须继续发展其环境政策，强化对影响环境的排放要求，共同的对二氧化碳排放征税的最低标准和共同为环保投资筹资等都是其应有之意。这里还包括调整农业和渔业政策。消费者视角而非生产者利益应该是政策的出发点。这一政策的基本原则是食品安全、环境观念和人道主义的家禽、家畜饲养等。

我们主张欧盟在国际团结方面起推动作用，通过增加其与穷国的发展合作，也通过取消自己的贸易壁垒。

我们认为欧盟应对难民和移民采取共同负责的态度，根据团结和人道主义的精神保证给所有到欧盟寻求庇护的人同等待遇。

欧盟应在推动其成员国通过立法和舆论宣传加强平等工作方面做更多工作。通过同样方式欧盟还可以推动儿童权利的提高。跨边界犯罪是欧盟内部的一个共同问题，需要加强合作。

面对共同挑战，欧盟将在其能提供最佳应对方案领域内继续发挥其作用。应该遵守所谓的辅助原则，即决定应该尽可能靠近公民做出。只有需要在欧洲范围内进行协调或者调控的决定才由欧盟做出。为了使这种合作高效进行，成员国必须把自己的部分权力移交欧盟决策机构。重要的是每一次权力转让都必须由成员国自己做出决定。

我们社会民主党人主张欧盟更加开放、更加民主。政治权力与经济权力和司法权力相比应该扩大。欧盟成员国的义务可以建筑在共同立法基础上，也可以通过确定共同目标，而实现这些目标的道路由成员国自由决定的做法来实现。成员国可以先行一步，特别是在环境和劳动法领域内。我们主张欧盟是民族国家之间的合作机构，反对把欧盟变成联邦国家的任何设想。

北欧国家之间的合作是欧洲跨边界合作的一部分。它在几方面是独特的。它是世界上最古老的地区合作之一。它包括许多领域，推动了该地区广泛的经济、文化和社会融合。它建筑在主权国家之间的协议基础上。这些国家在其他国际场合选择了不同的道路。它来自民间社会的广泛合作，却又扩大了范围。政治和工会运动活动的合作也是其重要组成部分。

我们愿意继续发展北欧合作，以应对由全球化和气候变化带来的共同挑战。

（五）军事不结盟和积极的外交政策

瑞典安全政策的宗旨是维护国家的和平和独立，保证周围地区的稳定，促进并加强国际安全。

瑞典军事上将不结盟。军事上不结盟是瑞典安全政策的重要工具。它给予我们在危机时刻执行自主政策的行动自由。它给我们更多的机会推动国际裁军。它给予我们权利根据自己的判断决定防备力量的大小和方向。

从根本上说，我们防备的任务是维护自己的民主的社会秩序。

但军事上不结盟并不意味着消极。瑞典承担了维护国际和平与安全的义务。我们参与联合国支持的国际维和行动，支持联合国新的规定：每个国家都有义务保护自己的居民。作为欧盟成员国，我们全面地参与了其共同的外交与安全政策。瑞典还加入了欧盟的团结条款。这意味着在一个欧盟成员国或者一个北欧国家发生灾难或者受到攻击时瑞典不会坐视不管。如果瑞典受难时我们相信这些国家也会采取同样行动。

发生国际争端时，瑞典将继续充当积极的调解人、桥梁建筑师和对话伙伴。在反对大规模杀伤性武器的斗争中，瑞典将继续走在前头，支持缓和、裁军和不扩散工作。

对和平的主要威胁不再是国家间战争。威胁形式不同了：国内冲突，侵犯人权、恐怖主义和对民主机构使用暴力，以及对关键基础设施，如电、水和通讯设施进行干扰等。

随着社会差距的扩大，我们看到这些危险在增长。这些威胁跨越边界，需要更加广泛的以国际合作为基础的安全政策措施，这些措施往往不是军事性的。在这些行动中人的安全比国家利益和经济利益更为重要。

（六）工作与增长

全面就业是社会民主党经济政策的最根本的目标。这既是经济目标，又是社会目标。它防止了失业所导致的自由缺失，使人人都能参与福利社会的建设工作。

只有全面就业、充分发挥每个人的能力我们才能应对未来的人口挑战。因此，社会民主党人的增长政策旨在：在全国范围内为人们的工作、发明和企业精神创造良好的条件。

生产制造业和服务行业，不管是私有的还是社会资本的，都是相互依赖的。我们社会民主党人愿意看到生气勃勃的制造业，也愿意看到日益增长的服务业。它们都能促进就业增加、出口扩大、经济增长和生态上更可持续的发展。它们应以瑞典劳动市场模式为出发点，在不降低工薪者的劳动条件的情况下，加强瑞典的竞争力。

经济的全球化发展对全面就业政策提高了要求。在日益强化的国际竞争面前,瑞典依靠的是知识。我们面对的挑战是不断提高自己,在研发新商业思想、生产系统、产品和服务方面永远走在前头。

这要求我们大力发展教育、科研、技能开发以及积极的劳动市场政策。这要求国家在技术和社会创新方面、目标明确地下大功夫。这要求公共部门、私人企业、工会组织和高等院校之间的战略合作,以促进知识密集型企业与行业在工业和服务业中的发展。高校和企业在科研方面必须加强合作,应该鼓励企业在瑞典进行科研和开发。中小企业也应该参与研究与开发工作。

成功的经济要求有效的基础设施。这需要大力投资并扩建公共交通、道路和铁路,这既是为了地区劳动市场发展的需要,也是保证企业要求的迅速可靠的运输能力。全国范围内有效的交通、通讯系统,也为地区稳定的发展提供了可能。

强大而健康的金融是经济增长和福利建设的必要前提。同时经济政策应该用来刺激投资和需求。它应该是一个积极的市场行情政策的工具,既能够阻止经济过热,也能够刺激经济发展。

税收政策最重要的任务是为我们的福利和必要的未来投资提供资金。一个基本原则是拨给福利的资金只能用于福利建设。**税收应该是累进制的,人们按照能力交税,福利服务按照需要供给**。税收政策应该促进经济效益、促进公平分配所生产的资源。政策规定应该明确简单、税基广泛、所有收入和补贴同等收税。这是其基本原则。

有效的普遍性的福利制度是一个具有高度国际竞争能力的强大经济的前提。当更多的人受到教育,经济实力就会增长。一个积极的劳动市场政策能帮助失业者更容易地找到工作,帮助雇主们找到所需要的有知识的雇员。一份有保证的失业保险使人们有信心面对经济结构变革。这种变革对一个开放性的小国特别重要。它提供了进行新选择的可能,可以试验新的教育或者新的工作。

因此应该把福利建设看做是对人力资源的投资,对社会现代化建设,与科研教育、新技术和新基础设施投资一样,是必不可少的。

整个生产体系应该充分发挥所有人的聪明才智和独立精神,既包括职工,也包括企业家。有关企业的规定应该明确、透明,应该鼓励研究开发,鼓励新创业、企业家精神、集体或社会办企业。有效的竞争立法应该阻止垄断和集中。为了维护工薪者在工资、工作环境、工作时间和雇用条件等方面的共同利益,强大的工会组织是必不可少的。集体协议是劳动生活游戏规则的合法性和劳动和平的必要条件。需要一个强大的劳动权立法以保护职工利益。

劳动生活应该公平地评估并尊重每个人的工作。所有雇员应该有权获得良好的工作条件、稳定的收入和对自己工作的影响。每个雇员都应该有提高职业技能、参加进修的机会。

男人和女人都有权自力更生,有权获得可以发展的职业工作。他们必须有机会对家与家庭、儿童承担同样的责任,平等地承担没有收入的家务工作。这要求劳动生活给予他们把职业工作与家庭生活相结合的机会,这要求能够给予他们平等地承担父母责任的可能,要求健全的儿童护理和父母保险。

为了保证未来的福利必须增加总的工作时间。这需要压低失业并给目前部分时间工作的人以全日工作的机会。这需要一个能够促进人们健康和舒畅的工作环境。这意味着愿意而且能够工作的人,到退休年龄之后仍然可以继续工作。

这一更多工时的总体要求与更多的适合个人的工作时间要求并不矛盾。相反,使工作时间更加适合人们不同的生活条件、不同情况可以使人们在一生中更多地参加工作。人人有权利影响自己的工作时间。我们希望缩短工作时间,但其形式是增加个人对工时的影响,从而为工作者更好地分配其生命的不同阶段上的工作提供可能。

人人都希望整个国家能够生存并发展。稳定的地区发展可以带来更多的工作,可以更好地利用国家的不同资源,可以为共同的福利提供更多的财富。所有地区因此都必须为工作、创业和学习提供良好条件,提高良好的生活机会。国家的责任是通过扩建基础设施并在全国各地建立知识中心为经济增长提供基本条件。

(七) 知识与文化

知识和文化是个人自由与发展的工具。但它们也是社会发展和共同福利的工具。它们是社会文明的标志。知识和文化可以使人们扩大视野、解放自己的思想和创造力。这种解放是对少数经济和社会精英企图占领思想权力的最好的对抗。

向所有人打开知识的大门对打破阶级界线具有决定性意义。知识与技能越来越成为决定人们在劳动生活中地位的工具。知识占有上的巨大差距造成了劳动生活中的,以及随之而来的社会地位的差异。

从技术发展中产生的、由全球化推动造成的当前生产秩序相当程度上建立在信息技术的处理基础上。信息流量从来没有像今天这样如此之大。但真正的知识不仅在于占有信息,而且在于解释信息的能力。所有的知识传播都必须给人以工具,以便自己解释并评价信息、了解社会背景,区别事实与评论。在这方面,富有理想的人民教育可以发挥重要作用。

社会民主党人愿意建立一个以文化和教育为基础的真正的知识社会。这个社会应该是开放的,其文化和教育应该是人人都能以同等条件获得。这就需要一个能够把人人都能得到的良好学校与以参与文化生活为目的、终生学习愿望相结合的政策。

高质量是对所有教育的基本要求。这需要良好的师范教育和教育学研究,以促进并发展教学方法。教育是个团队工作,既要尊重老师的知识传播作用,也要尊重学生为自己的学习负责的意愿。学生、儿童或者成年人,都有权拥有轻松的工作环境和影响自我学习的能力。

现在人人有接受教育的同等权利。但其实际的可能性一直受到社会的限制。因此必须对教育部门提出更高要求,坚决打破所有社会和性别模式。这要求从学习环境里清除所有形式的欺凌、骚扰、歧视,清除仇外情绪和种族主义。

择校自由赋予学生选择不同学校、不同科目的机会。它旨在强调每个人有权开发自己的兴趣和特长，计划自己的前途，根据自己的愿望组织自己的生活。但择校自由加剧了分化，扩大了资源富有的与资源贫乏的学生间的差距。这种现象必须加以纠正，社会资源的分配必须使每个学生得到知识与个人发展的同等机会。来自不同家庭和不同背景的学生在统一学校的共同工作中的相互接触是向着平等社会发展的重要手段。市政当局在新建学校问题上应该拥有决定性影响。

幼儿园是一生教育的基础。教育学上高质量的学前教育是对抗今后生活中的阶级差别的有力工具。所有的儿童在离开学校之前应该达到教育大纲的要求。高中教育应该在给学生根据自己的兴趣选择学习方向的机会的同时，也必须让他们学到所需的主要知识，以满足目前社会和劳动市场的需要。必须纠正大学录取工作中的社会偏差。同样也应防止研究生录取工作中的性别偏差。将继续中小学免费教育，实行社会管理的大学教育也是如此。从长远观点看学前教育也应该免费。

当前知识的快速增长表明教育不能仅仅放在成长阶段。学习变成了一生的全过程。职业工作与学习生活会相互交替。教育工作和教育贷款制度必须适应这种情况。所有成年人在劳动生活的不同阶段中都应该有机会进修培训。应该特别考虑那些基础教育较短的人们。

在社会上和劳动生活中，科研是知识发展的基础。维护瑞典在知识社会的领先地位，需要国家和地方投入大量资金。应该鼓励跨学科、多学科研究。应该扩大技术研究与人文研究人员之间的联系。国家在保证研究自由和稳定基础研究方面负有特殊责任。

一个真正的知识社会需要一种积极的文化政策。文化开启了我们对新印象和新机会的灵感，激发了好奇心，创造了发明气氛。

我们希望文化能够接近民众，为人们的日常生活带来营养。给予每个人参与文化生活的核心部分——解放人们思想活力的机会，是民主的中心任务，在媒体和信息流动在商业控制下变得日益统一化并对思想起限制作用的时候更是如此。

文化政策的任务不是控制艺术。相反，它应该保证艺术和艺术家的自由。这里，重要的一环是维护艺术的专利权。社会应该支持文化生活，给予艺术家在各个艺术领域里真正的发展机会和与民众见面的机会。文化政策的宗旨是使艺术的各种形式都能为所有人、使全国的成年人或者儿童都有机会享受。其目标是促进民众自己进行文化创造和文化参与。

数字信息技术为艺术与公众见面创造了新的条件。它为艺术家开辟了新的道路，为观众提供几乎是毫无限制的观看并欣赏来自整个世界的电影、音乐、戏曲、文学、艺术和档案的机会。

发展为文化政策提供了新的机会，也带来了新的挑战。新的机会是全国人民都可以享受国家甚至世界水平的高级艺术与文化，而新的挑战是如何阻止信息技术造成的商业性的趋同化，它对文化的多样性和艺术性是一个威胁。

我们主张通过将数字技术跨越边界的传输能力与对现存文化的大力扶持相结合，来应对上述挑战。因此职业性的文化机构将继续在全国存在。同时还应该给业余文化团体以资源和活动余地。文化必须有聚会场所以进行对话和思考，对这些地方没有利润要求，也没有随利润要求而来的控制。图书馆应该免费。音乐学校和文化学校应该向所有儿童开放。

文化机构和文化生活必须反映当今瑞典的文化多样性。这里包括维护和支持少数民族保护与发展自己文化和语言的可能性。

媒体在舆论自由和信息自由流动方面起着重要作用。媒体行业的权力集结和通过因特网与娱乐业联合的不断增长使得信息流通日渐雷同，变成了消极消费而不是社会参与。

反对权力集中、维护多样化是社会媒体和高科技技术政策的重要组成部分。迅速发展的媒体技术改变了媒体市场。电子媒体对老演员提出了挑战，为新的角色打开了大门，有利于挑战垄断，扩大视野。除了对抗印刷业的垄断趋势之外，社会参与的增加应该能刺激电子环境下的多样化，保障民众获得新闻与客观情况和进行广泛的社会辩论的权利。

社会民主党人坚决维护电台、电视台公共服务频道的独立性和自由。

作为为公众服务的媒体企业，应该保证其不受政治、商业和其他利益的干扰。它们应该远离广告，它们的财政应该得到长期性保障。

数字通讯技术的发展增加了个人自由。它打开了通向信息自由传递、新知识、新关系和新会面地点的道路。但其发展也带来了危险。当商业和其他利益利用这些技术查清个人兴趣和习惯时，人们的个人身份受到了威胁。这些技术被用来侵犯个人隐私、进行个人污蔑。种族主义者和其他非民主势力在网上散布仇恨，企图制止个人、记者和政客说话时，民主受到了破坏。

保护自由和个人尊严，制止网络被用来进行污蔑、针对民众群体的敌视、对个人侵犯和威胁使用暴力是社会的根本义务。

（八）福利与保障

社会民主党人的福利政策是其三大原则的宣示：自由、平等和团结。福利为个人和社会创造了利益。它提供了权利，但也提出了要求。

福利的意义在于它为个人带来了自由和保障，为社会创造了团结。它包括所有人，不管其收入高低。普遍性的福利意味着公民们以团结的精神互相提供帮助，同时又以团结的精神共同为之提供资金。

学校、医疗和护理对人生中机会的分配有决定性作用。因此福利是社会事务。学校、医疗和护理资源决不能由价格机制来决定。其供给也不能由私人生产者的个人利润利益来控制。社会保险也不能变成市场上的商品。在这里，社会的任务仅仅是分配税款，让个人去购买。福利领域内私人保险成分的增长在人们中间造成了不可接受的差距。应该提高普遍性的福利的质量并扩大其服务范围，使人们不再需要这类私人保险。

全国所有居民应该得到同等的学校、医疗和护理。这要求对市政区税收进行调节，使得各地区不会因居民组成和纳税能力不同，而出现福利待遇上的差异。

居民组成中老年人比例的上升是现代福利与社会进步的结果。作为健康、活跃的人，我们的寿命更长了。但这也是福利社会面对的一大挑战。要使所有老人经济上都有保障，都得到良好护理，就必须对强大的稳定的养老金体系和福利的共同筹资能力提出更高要求。

社会民主党人主张人人都拥有参与社会生活的同等权利和同样机会。因此，我们主张创建这样一个社会，一个所有人，不管其能力大小，都有工作的权利、都有自己的住房、都有全面行动自由和积极的生活的社会。

根据联合国儿童公约，所有儿童应该都能够安全地成长。在所有决定中都应该考虑儿童的最大利益。所有儿童和青年都有权得到同等机会，都能得到远离暴力和毒品的安全成长。

社会民主党人主张发展公共部门活动，使它在满足人们对公平与同享等传统要求的同时，也能满足影响与选择自由等新的要求。人与人不同，有不同的需求与条件。他们必须有在不同的教育形式之间、不同的医疗方案之间和不同的护理形式之间进行选择的机会。因此，研发不同的替代物就成了公共部门的一项重要任务。为了得到更多的和更加多样的选择，市政区和省议会等有关部门有权让集体单位、民众组织和私人参与，共同发展公共部门管理下的活动。

公共出资部门应满足人们提出的良好工作环境、在工作中求发展的机会等高要求。这里有着研发公共部门管理新形式的巨大机会。对那些模仿市场机制建立起来的、很长时间里处于支配地位的管理方式应该取而代之。它们应该发挥雇员们的积极性与能力，试验新思路和新方式。不管是公共部门管理，还是私人管理，都应该鼓励自主性与创造性。其活动应该实行开放、允许了解内情。雇员的言论自由与告发权不能受到限制。

能够在失去工作收入时得到经济保护，这是个人保障与自由的基础。社会保障应该建立在收入缺失时的保护原则基础上。社会保险制度必须适应劳动市场上越来越多的人在学习与工作之间流动，以及许多人在学习与自办企业之间流动的现实情况。

住房建设不振造成了住房开支上涨，减少了社会流动，增加了住房拥挤，增加青年人购房困难。社会民主党人认为住房是一项社会权利，住房政策是福利政策的一部分。因此，保障住房供应是一种社会责任。需要有强大的公益、集体公司，以压低住房开支，减少住房隔离。住户对自己住房和居住地区的影响应该扩大。

一个社会的、经济上和生态上可持续的社会发展要求一个面向未来的城市建设，使城市与居民区里到处都有服务配套的、多样的、节约运输的生活环境。

福利政策也包括在大街上、广场上和家庭里的安全。反对犯罪是保障政策的一部分。这也包括根除犯罪的原因。社会必须对犯罪与违反规定行为做出明确反应。但从长远看，打击犯罪的最好办法是建设一个社会差别小、人人有工作、儿童和青年有安全成长环境的社会。

（九）民主与政治责任

对民主的信念既取决于公民参与的可能性，也取决于民主实施中做出决定的能力。民主的行动能力必须受到维护，这就需要反对那些出于其经济实力或者依据其特别知识和专长而要求占有影响政策的更大权力的人们。

代议制民主是最为有效的民主决策体制。但是要使公民感受到在决策机构中他们受到了很好的代表，代议制机构必须进行公开辩论，使公众感到身在其中。我们的民选代表应该反映居民的组成与构成。

民主程序和社会管理必须以公开性和了解内情为基础。对于民主的信任的基础是公民可以相信当选代表公开申明的政治观点和其介绍的在任期如何履行其义务的计划。各政党应该公开地介绍其从其他组织、利益和企业得到的赞助。当选的政治人物有义务报告自己承担的其他任务。

没有什么别的东西能够比以影响决定或者影响其执行为目的的行贿受贿活动更能毁灭人们对民主制度的信念了。各政党、各公共政治部门和各执法机构都有义务以最大力量控制任何形式的不正当的影响。

对民主决策体系的信任要求所有执行政治决定的机构以专业性和公平性为准绳。各机关应该遵守法律面前人人平等、客观性、公平性原则。

为了提高对政治决策体系和执行机构的信任度，政治部门与执行部门的责任分工必须更加明确。政治责任决不转交给非选举的官员。政治家们负有政治决定的最终责任,在国家层面、在地方上都是如此。

省市政治决策机构应该有权决定以在其看来能够更好地实现业已公布目标的形式管理税收部门。它们有权决定是自己直接管理或是委托外来单位管理。可以通过采购竞争形式,也可以通过与集体企业、社会公司或者民众团体结成伙伴的形式,由此而可以将采购交给非营利机构进行。

所有从公共部门承包的任务、所有由税款资助的项目,必须接受国家确定的政策。这些政策将保证高质量、不能以利润为支配因素、必须受到限制。不管如何操作,其雇员必须享有同等权利与同等保障。

不管这些由税款资助的项目管理形式如何,公民们都有权对其进行审查,要求其承担政治责任。由于瑞典的公开性原则,公共福利部门的错误得以及时发现并受到讨论。对在税款资助部门活动的私人企业也应该提出公开性和活动监督的要求。

(十) 信任与共同体

一个强大的有生命力的民间社会是民主的基础建筑。它由民间协会、人民运动、社会团体、合作社、行动组织和网络等组成。这些组织是民众为了实现自己愿望、建立共同体需要和维护自己利益而自发建立的。

民间社会创造了不受商业利润要求控制的聚会场所,在这里公民们很自然地把自己的经验和要求与社会发展相联系。这培养了人们对民主价值的觉悟,增强了其对民主负责的精神。

人们聚集并决定共同采取行动时所迸发的变革力量在社会建设中具有决定性作用。社会工作必须建筑在对公民行动和公民组织的信任与尊重基础上。各种政策必须在与民间社会的不断对话中产生,并将为公民社会的发展创造良好条件。适于协会活动、教育活动、体育和文化活动的场所应该容易获得,应该具有先进技术设备并以合理条件对大家开放。

民间社会的重要任务是,通过自己的活动平衡市场力量,并对政治权力提出要求。不同形式的合作社也属于民间社会,它们给人们提供通过共同拥有的、以民主方式建立的企业方式来实现自己的理想的机会。这些不以私人利润利益为动力的企业对地方经济发展起着重要作用。它们把使用者、职工与有关人员组织起来,并共同对税款资助活动承担责任。这种做法有助于公共部门的更新。社会应该支持合作社业务发展。

在社会讨论中,不同形式的民间组织提供的公民对话舞台和经验与思想交流是对抗商业化的不可缺失的内容。讨论、舆论形成和对政策的审查不能变成仅仅是职业辩论家的事。如同社会工作必须由公民自己的组织进行一样,社会讨论和文化讨论也必须由公民组织参与。

民主始于日常生活。这里包括与他人进行的充满尊重的对话,人人有权宣传自己观点并影响他人,还包括合作建立协会,开展维护共同利益的活动。通过有生命的日常民主,建立起相互信任和对民主机构的信任,这就是具有巨大社会资本的良好社会的特点。这证明人们的共同努力可以改变生活,能够使事情变得不同,变得更好些。

(原文出自:www.socialdemokraterna.se。)

(高锋 译)

瑞典社会民主工人党章程

(2005年党的第三十五届代表大会通过)

第一章 党的目标

瑞典社会民主工人党旨在建设一个以民主理想和所有人同等价值为基础的社会。自由、平等的人们生活在一个团结的社会里是民主的社会主义的目标。

每一个人作为个人应该有自由进行发展、掌握自己生活并影响自己的社会。自由意味着免受外界的强迫和压迫，免受饥饿、无知和对未来的恐惧，有进行参与和共决的自由，有进行自我发展、参加有保障的集体的自由，有机会自由控制自己的生活和选择个人的前途。

人们的自由以平等为前提。平等意味着所有的人尽管条件不同，都应有组织自己的生活、影响自己的社会的同等机会。这个平等要求人们有进行不同选择的权利、有进行不同发展的权利。不能因为差异而造成在日常和社会生活中权力与影响上的差距和等级区别。

自由与平等既包括个人的权利，也包括为了大家的最大利益而采取的，也是个人生活和机会的基础的集体解决。人是一种社会动物，只能在与他人的互动中发展和成长，许多对于个人重要的福利只能在与他人的合作中创造。

这种共同的最大利益以团结为前提。团结产生于对我们大家相互依赖的认知之中。在相互尊重和相互关照中合作建设起来的社会最符合人类利益。大家都必须有同等权利和同等机会来影响这些解决，人人都同样有义务为它们负责。团结并不排除个人的发展和进步，但反对利用他人实现个人私利的个人主义。

社会的一切权力来自共同建设社会的人们。经济势力绝对没有权力来限制民主，但民主总有权力对经济设定条件，为市场划定界限。

民主必须在多层次上并以不同方式实施。社会民主主义致力于一个人们作为公民和个人既能影响社会整体发展又能影响日常工作的社会秩序。我们致力于一个人人作为公民、工薪者、消费者都能影响生产的方向和分配、劳动生活组织和劳动生活条件的经济秩序。

社会民主党致力于让这些民主理想贯穿整个社会和人际关系。我们的目标是建设一个没有高低贵贱、没有阶级差别、性别隔阂和种族沟壑的社会，一个没有偏见和歧视、人人都需要、人人都有位置、大家都有同等权利与同等价值的社会，一个所有儿童都能成长为自由、独立的人的社会，一个人人都能控制自己的生命和日常生活的社会。在这个社会里，大家都通过平等的团结的协作追求有利于所有人最高利益的社会解决。

这个民主的社会主义的理想来自前辈人的遗产。经过实践经验的锤炼，它已经成为当前和未来政治斗争的动力。其最深刻的根源来自社会民主主义对所有人同等价值和每个人的不可侵犯性的信念。

第二章 党的章程

第一节 党的任务

瑞典社会民主党是一个以民主为基础的人民运动。党对社会发展的政治理念要求党员与选民保持密切联系。党必须是一个扎根于民众日常生活的积极的、现代的人民运动。

党的责任是：

把所有同意社会民主主义基本观点的人发展入党；

以党纲为出发点为社会民主主义思想营造舆论；

发展社会民主党的思想、纲领和政策；

计划并协调大选活动；

协调社会民主党在市政区、省议会和瑞典教会的政治工作；

协调党的国际活动；

发展工会与政党活动战略；

选举参加欧盟的政治代表；

支持地区党组织与发展活动；

为发展党员进行战略规划；

规划统一的党员登记和党费收缴制度。

第二节 组 织

第一条

社会民主主义协会和俱乐部是党的基层组织。协会联合而成的工人公社社会民主党成立后，一些党员受巴黎公社的影响把其地方组织取名为工人公社，1900 年社会民主党代表大会正式通过决定采用这个名称。是党的地方组织。工人公社联合组成党区——党的地区机构，并建立了党。瑞典全国划分为 289 个市政区和 21 个省。相应的有三级民选机构，市政区议会、省政区议会和全国议会。工人公社（arbetare kommun）是社会民主党在市政区一级的地方组织。党区（parti distrikt）是该党地区性组织，其活动区域除少数例外，绝大多数与行政省区相同。

第二条

本党由以下党区组成：

斯德哥尔摩党区

斯德哥尔摩省党区

乌普萨拉省党区

南曼兰党区

东约特兰党区

延雪坪省党区

克鲁努贝里党区

卡尔玛省党区

哥特兰党区

布莱金厄党区

斯康奈党区

哈兰德党区

哥德堡党区

布休斯兰党区

北艾尔乌堡党区

艾尔乌堡南党区

斯考拉堡党区

韦姆兰党区

厄莱布鲁省党区

西曼兰党区

达拉纳党区

耶夫莱堡党区

西诺尔兰党区

耶姆特兰省党区

西保腾党区

北保腾党区

第三条

代表大会是党的最高决策机构。其他机构有信任委员会、党的理事会和其执行委员会。

第三节 党费、报告（至 2006 年 12 月 31 日）

第一条

每个党区理事会负责向党交纳党代会规定之年度党费。党区须于 3 月

1 日前把每个有义务交纳党费的党员的党费连同成员报告送交党的办公厅。

第二条

每个党区负责交纳以组织名义入党的工会组织按党代会确定的党费。党费连同同期的成员报告须于 3 月 1 日前上交党的办公厅。

第三条

没有在规定时间内把党费和报告上交党办的党区不享受党内权利。

第三节　党员登记和报告（自 2007 年 1 月 1 日起）

第一条

党的理事会负责对党的所有基层组织成员进行登记和收缴党费。党员登记将分送相应的基层组织、工人公社和党区。

第二条

党员所交纳的党费是一个总额，包括其交给协会或俱乐部、工人公社、党区和党的所有费用。

在妇女俱乐部、兄弟会、学生俱乐部、瑞典社会民主主义协会或瑞典社会民主主义俱乐部登记的党员按照社会民主主义协会章程第三节第四条交纳党费。

党员把党费上交党的理事会。每年 6 月 30 日和 12 月 31 日，理事会把该年度党员上交的属于党区、工人公社和社会民主主义协会的党费分发给上述组织。

第三条

关于地方工会组织加入党的规则由党的理事会制定。

第四节　党的代表大会

第一条

代表大会是党的最高决策机构。

正式代表大会在每次议会正常选举的前一年举行。召开特别代表大会由党的理事会决定，或者根据党章第十一节规定由党员公投决定。特别代表大会只能讨论会议通知中所列问题。

第二条

党代会通知须在会议召开十个月之前发出。特别党代会不受此时间限制。党的理事会将为党章第四、五节有关条目确定时间。

第三条

代表大会将由各党区派出的三百五十名代表组成。

第四条（至 2006 年 12 月 31 日）

各党区可以在其党员人数每超过党的成员数目之 1/350 时选举一名代表。党的成员数目是指党员总数。代表名额分配取决于代表大会召开前一年的党员人数统计报告。

第四条（自 2007 年 1 月 1 日起）

各党区可以在其党员人数每超过党的成员数目的 1/350 时选举一名代表。党的成员数目是指党员总数。代表名额分配取决于代表大会召开前一年 12 月 31 日的党员人数。

第五条

如果根据第四条规定所选代表不足三百五十人时，所剩名额须分配给党员余额最多的党区。余额党员数量相同时可抽签解决。

第六条

理事会在代表大会召开九个月前确定并通知各党区可选举代表之名额。

第七条

社会民主党议会党团和瑞典社会民主党驻欧洲议会代表团成员每满十人时可选举一个代表参加代表大会。他们有发言权和建议权。

第八条（至 2006 年 12 月 31 日）

由党代会任命的审计员、党的党纲委员会委员、党区理事会主席和社会民主党在"瑞典的市政区、省议会"全国组织理事会代表团的各一名代表可以参加党代会并有发言权和建议权。

第八条（自 2007 年 1 月 1 日起）

由党代会任命的审计员、党的党纲委员会成员、党的地区委员会主席和两名社会民主党驻"瑞典的市政区、省议会"全国组织理事会代表团的代表可以参加党代会。他们有发言权和建议权。

第九条

瑞典社会民主主义妇女联合会、瑞典社会民主主义青年联合会、瑞典基督教社会民主党人联合会、瑞典社会民主主义学生联合会有权各出一名代表参加代表大会。他们有发言权和建议权。

第十条

代表全权证书由党区理事会颁发，并在正式代表大会召开三个月之前送至党办公厅。

第十一条

由党的审计对全权证书进行审查并在大会开幕之前完成审查工作。

第十二条

由党的理事会提出代表大会的工作安排和大会日程建议。

第十三条

选举筹备委员会和审查委员会由信任委员会任命。代表大会为了工作需要可选举不同的委员会并规定其工作任务。

第十四条

理事会成员在代表大会上有发言权和建议权。

第十五条

只有代表在代表大会上有投票权。每个代表一票。选举权不能转让。

第十六条

投票以公开方式进行。人事选举在有人要求时可采用秘密投票。在举行秘密投票时，候选人名字在选票上按字母顺序排列。选票上所载人数与需要选举的人数相同时有效。上有多余人数或者人数不足时选票无效。得票最多的候选人当选，除非大会规定当选者须获得简单多数。

在举行秘密投票时，如果出现同样多的得票，可以再次举行投票。如果在两个候选人之间再次得票相同时，可通过抽签决定。

在公开投票中出现得票相同时，可进行抽签决定。

第十七条

动议可以由党员个人或者由社会民主党基础组织提出并按规定时间交于工人公社。工人公社须对交来的动议开会讨论。公社可以接受动议并把它作为公社动议上交，或者决定把它当做个人动议上转，或者否决它。党区理事会也可以提出动议。党的理事会和其执行委员会、党纲委员会也可以提出自己的建议。如果理事会这样决定，动议权也适用于特别代表大会。向特别代表大会提交的动议只能涉及会议通知中的有关问题。

第十八条

动议得在代表大会开幕之前六个月送交党的办公厅。晚到的动议，大会不予受理。

第十九条

理事会对于交来的动议将提出意见。动议和理事会意见或建议将在代表大会召开六周之前送至各工人公社、党区和党的代表。

第二十条

理事会对有关党纲的动议在提出意见之前，须先交党纲委员会审理。

第二十一条

理事会对上届代表大会期间党的工作将向代表大会提出报告。

第二十二条

代表大会决定和对党纲、党章的修改立即生效，除非代表大会另有决定。

第二十三条

党代会记录得在会议结束后十二个月内送至各党区、工人公社和代表大会代表。

第五节 选举党代会代表

第一条

为了选举党代会代表，党的地区组织应该划分成选区。选区划分以及每个选区的代表和候补代表的名额由党区理事会决定。

第二条

党区理事会须在党代会召开八个月之前就选区的划分和候选人提名的最后期限等事项书面通知各工人公社和社会民主主义协会与俱乐部。

第三条

代表选举最早不能早于大会召开之前的六个月开始，选举结束最晚不能晚于开会前的四个月。

第四条

代表选举时间不少于两天。时间和投票地点由工人公社决定。

工人公社可以决定代表选举通过信函投票进行。如果在选区内有几个工人公社，决定须由党区做出。信函投票的规则由党区制定。

第五条

工人公社应该在选举之前不少于十四天通过广告或者书面通知使全体党员得到选举消息。

第六条

所有交纳党费的党员有权参加其所在的工人公社党代会代表选举。

第七条

在投票时，其党员身份须由工人公社加以确认。

第八条

代表选举时使用加封的选票。

第九条

每个党员有权提出代表候选人。候选人提名应在所规定的时间内提交工人公社。工人公社须向党区提供所有被提名的候选人情况。党区确定选举候选人名单后送交工人公社。同一选区内所有的候选人在选票上按字母顺序排列。选票上有需要选举代表数额的说明。选举时只能使用党区确定的选票。

第十条

所推选的人数符合代表数额要求的选票有效。所选人数过多或不足的选票无效。

第十一条

工人公社须在选举结束后的八天内使用密封并加上"选票"字样把所投选票和选举报告一起送交党区。

第十二条

密封在计票之日打开。计票由党区理事会或者由党区理事会任命的计票员在代表大会开幕前的第十五周周末前进行。计票时间和地点须事前通知工人公社和各社会民主主义协会和俱乐部。

第十三条

在每个选区得票最多的候选人当选。得票与当选者最接近的人为候补代表。候补顺序按其得票多少决定。得票相同时用抽签决定先后。

第十四条

党区在计票后立即用书面向工人公社、社会民主主义协会和俱乐部通报选举结果。

第十五条

其他选举秩序由党区规定。

第十六条

如果有党员认为代表选举与党章规定不符,须在结果公布后五天内向党区提出上诉。

党区须将这些申诉后连同党区意见上报党的理事会。如果理事会认为选举与党章规定有矛盾并可能影响了选举结果时,将提议在有关选区或工人公社进行重新选举。

第六节 信任委员会

第一条

信任委员会是党的理事会之协商组织。

党的理事会在每次会议前决定其会议日程与工作日程。

第二条

信任委员会每年最少开会一次。在理事会要求时也可召开会议。

第三条

理事会须在信任委员会开会两周前发出开会通知。

第四条

信任委员会由一百二十委员组成,委员名额按与正常党代会代表相同原则分配到各党区。

委员和候补委员由各党区代表大会在正常代表大会召开后一年内选举产生,任期四年。

第五条

党的执行委员会和理事会委员与执行委员会候补委员得参加信任委员会会议,并有发言权和建议权。

理事会候补委员在正式委员不能与会时可替补其参加会议,替补顺序与其当选时所定顺序相同。参加会议时有发言权与建议权。

第六条

社会民主党议会党团和瑞典社会民主党驻欧洲议会代表团成员每

满三十人可任命一个代表。其代表参加信任委员会会议时有发言权与建议权。

第七条（至 2006 年 12 月 31 日）

党代会任命的审计员、党纲委员会成员和党区理事会的主席以及社会民主党驻"瑞典市政区和省议会"全国组织理事会代表团各自派出的一名代表可参加信任委员会会议，并有发言权和建议权。

第七条（自 2007 年 1 月 1 日起）

党代会任命的审计员、党纲委员会成员、党区理事会主席和党驻"瑞典市政区和省议会"全国组织理事会代表团瑞典市政区联合会和瑞典省议会联合会是两个地方自治机构的联合会组织，自 2005 年 1 月 1 日起两个组织决定以"瑞典市政区和省议会"的名义共同活动，自 2007 年初两个组织将以此名正式合并。可派两名代表参加信任委员会会议。他们有发言权和建议权。

第八条

瑞典社会民主主义妇女联合会、瑞典社会民主主义青年联合会、瑞典基督教社会民主党人联合会、瑞典社会民主主义学生联合会有权各派出一名代表参加信任委员会会议。他们有发言权和建议权。

第九条

信任委员会选举的党的选举筹备委员会和审查委员会任期到下届党代会。

第十条

信任委员会选举与投票规则与党代会相同。

第十一条

信任委员会会议记录须在会议结束后六个月内发至党区、工人公社和其委员。

第七节 党的理事会

第一条

党的理事会根据党纲、党章和党代会所作决定对党的活动实施领导。

党的理事会在代表大会闭幕期间是党的最高决策机构。

党的理事会确定党的下一年度的预算和活动计划。

党的理事会确定执行委员会、理事会和党办公厅的证明与授权程序。

党的理事会确定瑞典社会民主党参加欧洲议会选举候选人名单。党的理事会可以，如果人们愿意这样做，把确定名单的工作授权予信任委员会或者代表大会。

第二条

代表大会选举由三十三人组成的党的理事会，选举其中七人为其执行委员会的正式委员。

代表大会选举七名执行委员会候补委员。代表大会还为理事会选举十五名候补成员。他们得参加理事委员会会议，有发言权与建议权，当代替正式成员时还有选举权，其替补顺序如同其当选时顺序相同。

第三条

瑞典社会民主主义妇女联合会、瑞典社会民主主义青年联合会、瑞典基督教社会民主党人联合会和瑞典社会民主主义学生联合会的主席们有权出席党的理事会会议，并有发言权和建议权。

第四条

党的理事会任命党的司库。

党的司库有权出席理事会和其执行委员会会议，有发言权和建议权。

第五条

党的理事会每年四月举行年会。此外，当执行委员会认为需要时或者不少于五个理事要求时，理事会须举行会议。

第六条

执行委员会须向党的理事会年会提交关于理事会财务情况和过去一年活动情况的报告。

第八节 执行委员会

第一条

执行委员会向党的理事会负责并对党的日常活动进行领导。

执行委员会负责执行党的代表大会和理事会所作之决定。执行委员会负责管理党的理事会和党代会的档案文件,保证其万无一失。

执行委员会对党的总部雇员负有雇主责任。

第二条

执行委员会由七名正式委员和七名候补委员组成。

从执行委员会委员中分别选举党的主席和书记。

执行委员会候补委员须参加执行委员会和党的理事会会议,除了第四条规定之情况外。他们有发言权和建议权。在其替补正式委员时有选举权,其替补顺序同其当选时顺序相同。

第三条

瑞典社会民主主义妇女联合会、瑞典社会民主主义青年联合会、瑞典基督教社会民主党人联合会和瑞典社会民主主义学生联合会的主席有权出席党的执行委员会会议,并有发言权和建议权,第四条规定的情况除外。

第四条

如有特殊原因,执行委员会可以举行仅仅由正式委员出席的会议。

第九节 党纲委员会

第一条

党纲委员会由正式代表大会任命的五名委员和五名候补委员组成。候补委员得参加党纲委员会会议，有发言权和建议权。在代替正式委员工作时有选举权，替代顺序与其当选时顺序相同。

第二条

如党章第四节第二十条所讲，在党的理事会就党纲问题发表意见时，党纲委员会须就有关问题先提出建议。

第三条

党纲委员会委员和候补委员须出席党的理事会讨论党纲委员会所提建议的会议，并有发言权和建议权。

第十节 审 计

第一条

为了审查党的理事会和执行委员会的活动和党的财务，党的正式代表大会选举三名审计和三名候补。候补审计在正式审计去职时替补其工作，替补顺序与当选时的排名顺序相同。

党的理事会必须任命有证书的审计员。

第二条

审计员须向党的理事会年会就财政问题和执行委员会在过去一年间的活动提出意见。

第三条

审计员须向党的代表大会就财政问题、理事会在上届代表大会期间的活动、批准或否定其免除理事会责任问题提出建议。

第四条

审计员在其内部任命一名主席，负责向党的执行委员会、理事会和代表大会报告工作。

第五条

审计员报酬由代表大会确定。

第十一节 公 投

第一条

党的理事会可以决定对提出的某个问题进行党内公决。在通告所要公决的问题同时,理事会还要通知进行公决的时间并将有关记录发至党区和党的理事会。这个问题的处理可以通过工人公社召集的党员投票、邮局投票或者理事会规定的别的方式进行。

第二条

如果公决以工人公社召集的大会投票的形式,工人公社将把投票情况上报党区。在报告中将讲明总投票数、对所提建议的支持和反对票数。党区理事会将此报告和有关情况综合上报党的理事会。

第三条(至 2006 年 12 月 31 日)

如果有不少于 5% 的党员,根据最新党员登计报告,支持某项全党公决的要求,党的理事会就有义务就此问题组织全党公决。

第三条(自 2007 年 1 月 1 日起)

如果 5% 以上的党员,根据上年底党员总数,支持某项全党公决的要求,党的理事会就有义务组织此项全党公决。

第四条

除了代表大会本身之外,只有这种方式才能改变或者取消代表大会的某项决定。

第十二节 议会党团

第一条

对党的代表大会负责的议会党团须向党的理事会年会提交其过去一年的活动情况报告。这份材料纳入党的理事会向下届党代会提交的报告。

第二条

议会党团同党的理事会的联席会议须在其中任何一方认为有必要时召

开。这类会议的记录纳入理事会活动记录。

第三条

根据议会党团建议,党的理事会确定议会党团章程。

第十三节 欧洲议会小组

第一条

瑞典社会民主党驻欧洲议会小组对党的代表大会负责,向党的理事会年会就其过去一年的活动情况提交报告。这份材料纳入党的理事会向下届党代会提交的报告。

第二条

瑞典社会民主党驻欧洲议会小组同党的理事会的联席会议在其中任何一方认为有必要时召开。这类会议的记录纳入理事会活动记录。

第三条

根据瑞典驻欧洲议会小组建议,党的理事会确定瑞典驻欧洲议会小组章程。

第十四节 其他小组

教务会议[①]小组和社会民主党驻瑞典市政区和省议会全国组织理事会小组的章程由党的理事会根据上述小组的建议分别做出决定。

第十五节 一般规定

第一条

党内职务只能选举党员担任。脱离组织的党员须离开党所授予的

---

① 教务会议是瑞典国教——基督教教会组织的最高代表与决策机构,负责讨论和处理教会本身事务。教务会议共有二百五十一名成员,每四年选举一次,所有十八岁以上教民都有选举权和被选举权。瑞典各大党派在教会议和其理事会中都有代表组织。

职务。

第二条

对公开不与党保持团结的党员，对公开宣传与党纲、党章基本观点对立主张的党员，或者以其他方式明显伤害党和党的活动的党员，党的理事会可将其开除出党。开除决定须由四分之三的多数通过。

第三条

由工人公社建议开除的党员，在党的理事会就此做出决定前，执委会可暂时停止其党籍，除非根据第四条执行委员会有决定权。

第四条

党员如被控在工会斗争中不与党保持团结、加入其他政党或者在大选中与党公开作对，执行委员会有权决定开除其党籍。

执行委员会做出此类决定时需要全体一致同意。

第五条

工人公社须将党员被开除的决定通知有关协会或俱乐部。

第六条

如果被开除的党员要求重新入党，其申请须由党的理事会决定。批准重新入党的决定需要四分之三的多数票支持。

第七条

对党区和工人公社基本章程的例外须由党的理事会批准。

第八条

这些章程和党纲一样只能由正式党代会改变或撤销。

第三章　党区基本章程

第一节　党区的任务

党区负责：

在其活动地区内对外宣传党的思想与政策；

在其活动地区内的大选组织；

发展和协调在省议会内的政策；

选举省级代表；

对全国议员在省内活动提供交通帮助；

保持与区内党的地方组织和党的理事会的联系；

与工人运动所属的儿童和青年组织合作；

工会——政党和其他组织活动；

支持工人公社的组织和活动发展。

第二节 组 织

第一条

党区所辖地域由一个或者几个议会选区组成。辖区的调整可以由党区提出建议或者根据选区内的多数工人公社的要求由党的理事会做出决定。

第二条

处于该地区范围内的每一个工人公社通过党区隶属于党。

第三节 党 费

第一条（至2006年12月31日）

每个工人公社将向党区交纳包括党的部分在内的整年度党费。

党费由地区代表大会确定。工人公社将为每个有义务交费的党员缴纳党费。党费连同党员报告每年2月15日前送交党区办公室。

第一条（自2007年1月1日起）

党区的下年度的党费数额由地区代表大会确定。党费由党的理事会收缴。属于地区的党费上缴后，由党的理事会当年6月30日和12月31日发还党区。

第二条

工人公社理事会每年 4 月 15 日之前就上年度活动情况向党区提出报告。

第三条（至 2006 年 12 月 31 日）

在规定时间内没有向党区办公室送交党费和报告的工人公社失去在党区内的权利。

第四节　地区党代会

第一条

地区代表大会是党区的最高决策机关。

第二条

正式代表大会每年在地区理事会决定的时间与地点召开。

特别代表大会在地区理事会决定或者党区内三分之一以上的工人公社要求时召开。特别代表大会只能处理会议通知所涉及问题。

第三条

正式代表大会的通知须由地区理事会在开会之前的五个月发出。

召开特别代表大会不须遵守这个时间。地区理事会将为在地区章程第四节有关条款确定时间。

第四条（至 2006 年 12 月 31 日）

每个工人公社在履行了章程规定的对党区的义务之后可以按地区代表大会规则派出代表出席大会。如果工人公社没有履行其义务，则听由地区理事会决定。

第四条（自 2007 年 1 月 1 日起）

每个工人公社有权按地区代表大会规定向其代表大会派出代表。

第五条

特别代表大会之代表选举办法与正式代表大会相同。

第六条

属于党区的党员有权提出代表大会代表之候选人。关于候选人的建议须在规定时间内向工人公社理事会提出。社会民主主义协会/俱乐部将向工人公社理事会提供所有候选人的情况。

工人公社大会选举出席地区代表大会代表和候补代表。如果工人公社成立了代表委员会,由其开会选举产生出席会议代表。

第七条

党的理事会任命的代表和党区内的社会民主党议员有权参加地区党代会并有发言权和建议权。

第八条

党区内社会民主党的省议会议员们须为每个省议会区任命一个代表与会并有发言权和建议权。

第九条

代表和候补代表的全权证书由工人公社理事会颁发,并在规定时间内送至地区理事会。

第十条

全权证书由地区审计员审查,有关工作须在大会开幕前完成。

第十一条

代表大会的工作程序和日程建议由党区理事会提出。

第十二条

地区理事会成员和审计组长在大会上有发言权和建议权。

第十三条

只有代表在代表大会上有表决权。每人一票。表决权不能转让。

第十四条

表决使用公开方式。人事选举,如果有人要求时,通过秘密投票进行。

进行秘密投票时，候选人名字在投票用纸上按字母顺序排列。有效选票须载有所要求的当选代表人数。上有名额多于规定人数或者少于规定人数时选票无效。得票最多的候选人当选，除非代表大会规定当选者须获得多数选票。

在秘密投票时，如果出现得票相同的情况，可再进行一次投票。如果仅两名候选人得票相同时，可通过抽签解决。在公开表决中出现相同得票时，可由抽签决定。

第十五条

属于本党区的每个党员和党的基层组织都有权提出动议，并将其在规定时间内送交工人公社理事会。动议将在工人公社大会上处理。工人公社或者接受动议并将其作为公社组织动议，或者决定将其作为个人动议提交大会。

第十六条

经过工人公社会议处理后的动议须在代表大会召开前三个月送到地区理事会。

第十七条

动议集册连同地区理事会的意见须在大会召开一个月前送至各个工人公社、社会民主主义协会、俱乐部和大会代表。

第十八条

地区理事会须向正式代表大会提交其过去一年的工作报告和未来一年的工作方针与计划。

第十九条

代表大会选出的选举筹备委员会任期到下届代表大会。

第五节 地区信任委员会

第一条

信任委员会在地区代表大会决定下成立。信任委员会每年最少开会一次，会议由地区理事会通知。

第二条

地区理事会关于召开信任委员会的通知须在开会两周前发出。

第三条

信任委员会委员名额由代表大会决定，分配到各工人公社之原则与地区代表大会代表相同。

信任委员会委员和候补委员由工人公社选举产生，任期到下次地区代表大会。

第四条

地区理事会在信任委员会会议召开之前决定其会议日程和工作程序。

第五条

地区理事会成员在参加信任委员会会议时有发言权和建议权。

第六条

信任委员会的选举与投票规则与地区代表大会相同，见第四节第十三、十四条。

第七条

信任委员会会议记录须在会议召开后六个月内送交各工人公社和其委员。

第六节 地区理事会

第一条

地区理事会根据其章程和地区代表大会决议对党区活动进行领导。

地区理事会在地区代表大会闭幕时是党区的最高决策机关。

地区理事会对党区办公室雇用人员负有雇主责任。地区理事会可以授权其执行委员会代行雇主职责。

第二条

地区理事会起码由七名成员组成，可以任命相应数量的候补成员。

主席经特别选举产生。

第三条

在理事会内可任命执行委员会。如果地区代表大会这样决定，执行委员会可以单独选举产生。

第四条

在正式委员去职时，由候补委员接替，顺序与其当选时相同。

第五条

在党区内须任命学习组织员和工会领导人并让他们进入地区理事会。

第七节 审 计

第一条

为了审查地区理事会和其执行委员会的活动报告和地区的财务，代表大会须选举三名审计和三名候补审计。在正式审计去职时，由候补审计进行替补，替补顺序按其当选时的得票多少决定。

第二条

审计员向代表大会提出对财务报告和地区理事会去年活动报告的意见和批准或者拒绝免除其责任的建议。

第八节 议会选举和省议会问题

党对议会选举候选人的任命问题、当选代表与党组织的合作问题和如何处理省议会问题由《关于在议会选举和瑞典教会选举中党的候选人名单的制定规则》《关于对其他职务候选人任命的规定》《关于当选代表与党组织合作的规定》和《关于省议会和市政区问题的处理规则》等文件规定。

第九节 一般决定

第一条

党区和其理事会应该遵守党的章程和党代会决议。

第二条

地区代表大会可以制定党区补充章程。但这些章程不得与其基本章程相冲突或者取代其内容。

第三条

其基本章程只能通过党的正式代表大会进行修改或者废除。党区可以向党的理事会申请对章程规定的例外。

第四条

斯德哥尔摩、哥德堡和哥特兰党区的章程由党的理事会确定。

第四章 工人公社基本章程

第一节 工人公社的任务

工人公社负责：

在其社区内宣传党的主张和政策；

与社区内选民保持联系；

在其活动区内的竞选组织；

发展地方政策；

选举政治代表；

培训当选代表；

工会——政党和其他组织活动；

支持社会民主主义协会的组织和活动发展。

第二节 组 织

第一条

工人公社是党的地方组织,其活动应覆盖一个市政区。

第二条

工人公社对其活动领域制定组织计划,标明哪些社会民主主义协会和俱乐部属于本公社。

第三条

如有党员不愿意参加工人公社内现有的协会或俱乐部活动时,可将这些党员统一组织在公社自由小组内。

第四条

工人公社在年会上可以决定建立公社代表委员会。代表分配规则由工人公社年会确定。

第五条

工人公社代表委员会成立后,所有的公社所属协会、俱乐部须选举代表直接参加该委员会。

第三节 工人公社成员

第一条

处于该市政区范围内的所有社会民主主义协会、俱乐部、社会民主主义妇女俱乐部、基督教社会民主主义小组、社会民主主义学生俱乐部和党员自由小组必须参加工人公社。

承认社会民主党基本纲领的瑞典社会民主主义青年协会/俱乐部如要求加入工人公社应予以批准。

瑞典社会民主主义青年协会/俱乐部加入工人公社时,其所有年满十五岁的成员将同时成为公社成员。

第二条

地方工会组织可以作为成员加入工人公社。这些工会组织的会员经过个人申请后可获得党籍。

第三条

党员在加入社会民主党时即在其居住的市政区获得工人公社基层组织或自由小组的党籍。党员可以将其党籍转到另一工人公社的基层组织。

第四节 党费（至2006年12月31日）

每一个协会/俱乐部应将年度党费上交工人公社。下一年度的党费由工人公社大会在当年10月底前决定。协会/俱乐部为其所有成员交纳党费。党费连同党员报告须在每年2月1日前上交工人公社。

第四节 党费（自2007年1月1日起）

下一年度的工人公社党费由公社大会在当年10底前决定。党费由党的理事会负责收缴。从党员收来属于工人公社的党费于当年6月30日和12月31日由党的理事会划拨工人公社。

第五节 会 议

第一条

在未成立代表委员会之前，工人公社成员大会是公社最高决策机构。代表委员会成立后可接管成员大会的权力。

第二条

年会在3月底前召开。

第三条

召开年会时除了其他事务外须讨论以下问题：

1. 理事会和审计对上年活动的报告；
2. 市政区议会社会民主党小组提出的报告；

3. 关于免除理事会责任问题；

4. 选举理事和候补理事：

（1）主席

（2）其他理事会成员

（3）候补理事

5. 选举审计和候补审计；

6. 为下届年会推选选举筹备小组；

7. 未来活动方针。

第四条

属于公社的每个党员和党的基层组织都有权向党员大会和代表委员会提出动议，动议须在规定时间内送交工人公社理事会。

第五条

在就是否免除理事会责任问题做出决定时，理事会成员没有表决权。

第六条

表决以公开方式进行。人员选举在有人要求时须用秘密投票方式。

进行秘密投票时候选人名单按字母顺序排列。

有效选票须载有选举所要求的人数。名额超过规定人数或者少于规定人数的选票无效。得票最多的候选人当选，除非代表大会规定当选者得获得简单多数。

在秘密投票时，如果出现得票相同的情况，可再进行一次投票。如果仅两名候选人得票相同时，可通过抽签解决。在公开表决中出现相同得票时，得到值勤主席支持的候选人获胜。

第七条

关于年会选举中候选人的建议须在工人公社大会规定时间内送到选举筹备小组。推荐时间过后，只有选举筹备小组才有推荐候选人的权利。

第六节　工人公社理事会

第一条

工人公社理事会在其章程和党代会、地区代表大会和工人公社做出的决定指导下领导公社活动。理事会的任务是为党和党的政策进行宣传，制定党的市政区政策纲领，负责工人公社经济、党员管理并支持社会民主主义协会和俱乐部活动。理事会在不召开公社大会时是工人公社的最高决策机关。

理事会对工人公社雇用人员负有雇主责任，除非其将此事委托地区理事会管理。

第二条

工人公社理事会起码有七名成员，要为其任命候补成员。理事会任期两年。从理事会成员中选举主席和司库各一人。工人公社任命的学习组织者和工会领导人将参加理事会。

理事会人数应该是奇数。一年改选少数的一半，次年改选多数的一半。

第三条

在理事会内部可任命执行委员会。如果年会这样决定，执行委员会也可以另行选举。

第四条

正式成员不能视事时，由候补成员按其当选顺序进行替换。

第七节　党员公决

第一条

工人公社理事会可以决定就某事要求公社党员进行全体表决。这种公决起咨询作用。

第二条

对某个公决问题的最终决定须由党员大会和代表委员会分别投票做出。

第三条

进行公决的规则由工人公社理事会制定。

第八节 审 计

第一条

年会每年选举三名审计、三名候补审计。当正式审计不能视事时,由候补审计按其当选顺序替换。

第二条

审计员向工人公社年会就财务和理事会过去一年活动报告以及批准或拒绝免除其责任提出建议。

第九节 大选和市政问题

党对大选任命候选人的问题、当选代表与党组织的合作问题以及处理省议会和市政区问题有《关于在议会选举和瑞典教会选举中党的候选人名单的制定规则》、《关于对其他职务候选人任命的规定》、《关于当选代表与党组织合作的规定》和《关于省议会和市政区问题的处理规则》等文件规定。

第十节 一般规定

第一条

工人公社在没得到地区理事会批准的情况下不能解散。工人公社解散时,其所有财产由党区接管。

第二条

工人公社年会可以决定章程补充问题。这类补充不能与其基本章程相对立，不能取消基本章程的内容。

第三条

基本章程只能由正式党代会修改或者取消。工人公社可以向党的理事会申请对这些章程的例外。

第五章　社会民主主义协会和俱乐部基本章程

第一节　社会民主主义协会的任务

社会民主主义协会负责：

为党、党的思想和政策制造舆论；

在与选民对话中制定社会民主党地方政策；

发展党员、联系党员；

发展党籍的价值。

第二节　组　织

社会民主主义协会/俱乐部是党的基层组织。其活动区域由工人公社组织计划确定。

第三节　成员与党费

第一条

协会/俱乐部批准每个承认党的章程的人的党籍。

第二条

党员可在其居住的工人公社和党区选择其参加的基层组织或者自由小组。党员亦可将其党籍转到其他工人公社的基层组织。

第三条

在加入协会/俱乐部时，党员须交纳当年的党费。

第四条（至2006年12月31日）

只有交纳党费才能成为党员。每个党员一次就可交清各层级组织的收费。

协会/俱乐部可以向参加协会/俱乐部活动的非本协会/俱乐部党员收取行政费用。

第四条（自2007年1月1日起）

只有交纳党费才成为党员。每个党员只需一次就可交清各层级组织收费。

党费是党员交给其所在之协会/俱乐部、工人公社、党区和党的费用之总和。

在妇女俱乐部、兄弟会、学生俱乐部或者瑞典社会民主主义青年协会/俱乐部工作的党员按照有关组织章程向其所属协会、俱乐部、地区和联合会交纳会费，同时向其党籍所在的工人公社交纳党费。

党费由党的理事会负责收缴。交来的属于协会/俱乐部部分，由理事会于当年6月30日和12月31日发还。

协会/俱乐部可以向参加协会/俱乐部活动的非本协会/俱乐部成员收取行政费用。

第五条

下年度协会/俱乐部党费由其协会/俱乐部会议在11月底以前确定。

第六条

不顾书面提醒，长达12个月以上没交纳党费的党员将被开除出协会/俱乐部。在开除之前其所在工人公社将得到书面通知。

重新入党者须支付其被除名前拖欠的党费。

第四节 党员的权利与义务

第一条

社会民主党党员有以下权利：

参加协会和工人公社的会议和学习活动；

在党员会议、选举各级代表大会之代表的会议和党员公决会上投票；

可以当选党内和其他政治机构的职务；

得到关于党在政治与组织问题上的立场观点；

在社会民主主义协会和工人公社会议上提出建议；

向年会和代表大会提出动议；

参加由党、党区和工人公社安排的各种协商会议。

第二条

社会民主党党员：

必须承认由党纲和党章所宣示的党的基本思想；

有义务交纳规定的党费；

不能公开与党不保持一致；

不能公开与党的基本思想唱反调；

不能伤害党或党的活动。

第五节 会 议

第一条

协会/俱乐部成员大会是其最高决策机构。

第二条

协会/俱乐部年会在每年2月底前举行。

第三条

在年会上，除了其他问题外须处理以下事务：

1. 理事会和审计员关于去年工作的报告。

2. 关于理事会免除责任问题。

3. 选举理事会理事和候补理事。

4. 选举审计和候补审计。

5. 选举一个或几个党员负责人。

6. 为下届年会推选选举筹备小组。

7. 下年度的活动方针。

第四条

在讨论理事会免除责任问题时，理事会成员没有表决权。

第五条

表决以公开方式进行。人员选举如果有人要求时须采用秘密投票方式。秘密选举时，候选人名单按字母顺序排列。

有效选票须载有所要求的代表人数。上有人名超过规定人数或者少于规定人数时，选票无效。

得票最多的候选人当选，除非大会规定当选者须获得简单多数。

在秘密投票时，如果出现得票相同的情况，可再进行一次投票。如果仅两名候选人得票相同时，可通过抽签解决。在公开表决中出现相同得票时，得到当值主席支持者获胜。

第六条

关于年会选举候选人的建议须在协会大会规定时间内送到选举筹备小组。推荐时间过后，只有选举筹备小组有推荐候选人的权利。

第六节　协会/俱乐部理事会

第一条

协会/俱乐部理事会根据其章程和协会/俱乐部做出的决定对其活动实行领导。理事会的任务是为党和党的政策制造舆论，发展党籍的价值，在协会/俱乐部内促进党的工作以积极、开放的方式进行。给党员以机会影响党在当前政治问题上的立场，积极组织协会的活动。理事会在党员不开会时是协会/俱乐部的最高决策机构。

第二条

协会/俱乐部理事会由不少于五人组成，要为他们任命候补人。从理事中选举主席和司库。协会/俱乐部任命的学习组织员参加理事会。

理事会成员应该是奇数。一年选举少数的一半，次年改举多数的另一半。

第三条

在正式成员不能理事时，由候补成员进行替换，其先后顺序和其当选时相同。

第七节 审 计

第一条

年会每次选举两名审计、两名候补审计。在正式审计不能视事时，由候补成员进行替换，其顺序如同其当选时顺序。

第二条

审计员向协会/俱乐部年会就财务和理事会过去一年活动报告以及批准或拒绝其免除理事会责任问题提出建议。

第八节 议会选举和处理市政区事务

党对任命大选候选人的问题、当选代表与党组织的合作问题和处理省议会和市政区问题有《关于在议会选举和瑞典教会选举中党的候选人名单的制定规则》《关于对其他职务候选人任命的规定》《关于当选代表与党组织合作的规定》和《关于省议会和市政区问题的处理规则》等文件规定。

第九节 一般规定

第一条

协会/俱乐部年会可以决定协会/俱乐部章程补充问题。但这类补充须经过工人公社批准，且不能与其基本章程相对立，也不能取消基本章程的内容。

第二条

在没得到工人公社理事会批准情况下,协会/俱乐部不能解散。协会/俱乐部解散时,其所有财产由工人公社接管。

第三条

其基本章程的修改或者取消只能由正式党代会决定。

关于在议会选举和瑞典教会选举中党的候选人名单的制定规则

一般规定

1. 担任欧洲议会、国家和地方政治职务或者教会职务的党员应该通过其工作促进落实由党的代表大会、地区代表大会或工人公社会议所确定的社会民主党纲领。

2. 每个党员和集体加入党的组织都有权推荐上条中所述职务的候选人。

3. 党的候选人名单应该实行男女平等原则,而且要不断推出青年候选人。

4. 党的候选人通过大会、会议或者党员全体公决决定。

5. 为了在大选中保持团结,建议组织和党员避免提出所谓的爆炸性名单。

6. 国家和地方政治职务应由尽可能多的党员担任。

选举筹备委员会

1. 为了准备议会大选候选人名单,地区正式代表大会在大选前一年须任命一个选举筹备委员会。

2. 为了准备省议会选举候选人名单,地区正式代表大会在省议会选举前一年须任命一个选举筹备委员会。

3. 为了准备市政区议会选举候选人名单,工人公社年会在选举前一年须任命一个选举筹备小组。

4. 为了准备教会委员会①选举的候选人名单，工人公社年会在选举前一年须任命一个选举筹备小组。公社可以授权社会民主主义协会负责组建教会委员会选举筹备小组。

5. 为了准备教区代表大会和教务会议选举候选人名单，在与党的理事会协商之后，将为每个教区②任命一个包括在教区内所有党区或者有关党区之部分的代表的选举筹备委员会。

6. 在选举筹备委员会内可成立工作委员会。

7. 在党区选举筹委会中起码应有一名地区工会委员会代表。

8. 在工人公社选举筹备小组中起码应有一名公社工会委员会代表。

候选人任命

1. 关于议会大选和省议会选举的候选人建议须在规定的时间内送至地区理事会。有关情况须通报工人公社和社会民主主义协会/俱乐部。

2. 党员、加入公社的组织和工人公社的工会委员会须将其参加议会大选、省议会和市政区议会选举的候选人建议在规定的时间内送至工人公社理事会。这可以通过广告形式或者给其所属组织和公社工会委员会的书面建议的方式进行。

3. 工人公社须向地区理事会提供所推荐的议会和省议会选举候选人的情况。公社理事会在其意见中可对候选人进行排队。

4. 在推荐期限过后，仅选举筹备委员会有权提出新的候选人。但在决定进行党员公投后任何人不能再提出新的候选人。

---

① 教会所属教众超过五百人时可选举其地方自治机构——教会委员会，处理教会内部事务。年满十八岁且在教堂登记之教民都有选举权与被选举权。

② 教区是瑞典教会的地区性自治机构。全国共分十三个教区，每个教区都由一个主教主持事务。教会、教区和全国教务会议选举都是每四年一次。

第二部分 主要政党内部规章制度

试 选

第一条

在酝酿候选人期间可以进行咨询性选举试验。

第二条

关于咨询性试验选举的规则，涉及全国议会和省议会选举候选人名单时由地区理事会确定，涉及市政区议会候选人名单时由工人公社理事会确定。

在大会或选举会议上确定候选人名单

1. 选举筹备委员会须提出议会候选人名单建议。地区理事会对此建议提出意见。

选举年 4 月 15 日前举行地区选举会议讨论选举筹委会建议和理事会意见。只要会议通知中说明代表大会将是选举会议，这次会议就是党区的正式代表大会。如果专门开会讨论选举问题，有关正式代表大会规定的实质部分也适用于此会。

2. 选举筹备委员会为省议会选举提出候选人名单建议。地区理事会对此建议提出意见。之后每个省议会选区就筹委会建议和理事会意见开会或者开选举会议进行处理。地区理事会在选举年 4 月 15 日前安排这些会议。会议代表的权限问题由地区正式代表大会决定。

如果党区的正式代表大会在选举开始前一年做出这样的决定，地区选举会议可接管所有省议会选区内关于筹委会名单建议和理事会意见之处理工作。

3. 选举筹备小组就市政区议会候选人名单提出建议。公社理事会就建议提出意见后，工人公社在选举年 3 月底前开会处理筹备组建议与理事会意见。

4. 在开会或选举会议处理候选人名单时须逐个进行表决。只有得到半数以上同意的候选人才能进入候选人正式名单。没有人得到多数票时,须在两个得票最多的候选人之间进行再次投票。两人得票相同时可抽签解决。

如果有人要求时,表决须用秘密投票方式进行,除非党区或工人公社在其补充章程中有关于秘密投票的其他规定。

通过党员公投确定候选人名单

1. 如果出席会议或者选举会议的三分之一以上有选举权的党员要求进行全体党员投票时,须进行这类公决。根据《在大会或选举会议上确定候选人名单》第四条规定,确定候选人名单之后即可进行党员公投。除了已经讲过的规定之外,其他有关规则可同时确定。

2. 在党员公决时使用根据《在大会或选举会议上确定候选人名单》第四条确定的候选人名单。在选票用纸上标明表决规则。在投票地点放有在规定时间内提出的所有候选人名单。

3. 投票者如果想要改变候选人名字排列顺序时,可通过对之编号进行。所有在规定时间内得到提名的人都有资格当选。

4. 只有上载人数符合要求的选票有效。在删改后所载名字过多或者过少的选票无效。

5. 使人对投票者的意图产生犹豫的选票被抛弃。

6. 党员公决后,候选人名单按以下规则产生:第一名是获得这个位置最多有效票的候选人。第二位是得到第一位和第二位位置排名之和最多的候选人。第三位是获得第一、第二和第三位排名总数最多的候选人。后面的排名用同样的办法算出。相同选票时,通过抽签决定。

关于其他职务候选人任命的规定

省议会职务

1. 由地区党代会任命的选举筹备委员会负责就与议会大选同年进行的

省议会①有关选举候选人提出建议。在筹委会中应该有党区和省议会党团理事会和党区工会委员会的代表。

2. 与议会大选同年进行的由省议会安排的有关选举候选人建议须在规定时间内向地区理事会提出。有关事宜将以书面形式通知到工人公社、下属组织和工人公社工会委员会。党员、下属组织和公社工会委员会将候选人建议在规定时间内送到工人公社理事会。

工人公社理事会将向地区理事会提供所有候选人的情况。工人公社可在其意见中对候选人进行排队。

3. 选举筹备委员会就候选人提出建议。党的地区理事会对建议进行处理。省议会党团对有关选举事宜进行讨论并做出决定，然后将所有文件转交省议会选举筹备机构。如果党区年度代表大会这样决定，选举筹备委员会的建议可由选举会议讨论处理后再转交省议会党团。

4. 对省议会理事会和其他委员会的补充选举的候选人由省议会党组和党区执行委员会进行准备，除非地区代表大会就此另有决定。

市政区职务

1. 由工人公社年会任命的选举筹备小组负责就与议会大选同年进行的市政区议会所安排的选举候选人提出建议。在筹备小组中应该有工人公社和市政区议会党团理事会和公社工会委员会的代表。

2. 党员、所属组织和公社工会委员会将候选人建议在其规定的时间内送到工人公社理事会。这应以书面和广告形式通知其所属组织和公社工会委员会。

3. 推荐时间过后，仅选举筹备小组有权推荐与大选同年由市政区安排的选举之候选人。

选举筹备小组须提出候选人建议。建议送工人公社理事会征求意见后

---

① 各级议会选举后，都要对议会内部职务——议长、副议长、秘书长和各常设委员会主席、副主席等进行协商和选举。

送工人公社大会进行处理。市政区议会党团就有关选举的所有问题进行讨论并做出决定,然后将其转交市政区有关筹备机构。筹备小组建议和工人公社的意见须在工人公社大会开会十四天前送到其所属组织。

4. 对市政区议会安排的补充选举的候选人,由工人公社执行委员会和市政区议会党团决定,除非工人公社年会对此另有决定。

瑞典教会职务

1. 在选举同年由教会委员会安排的选举候选人由工人公社年会任命的选举筹备小组提出建议。在筹备小组内应该有工人公社/协会、教会委员会理事会和工人公社工会委员会的代表。

2. 关于候选人的建议须在规定时间内送到工人公社/协会的理事会。此事须书面并通过广告通知各下属组织和工人公社工会委员会。

3. 选举筹备小组提出候选人建议。建议送工人公社/协会理事会和教会委员会党团理事会征求意见。工人公社/协会大会对建议和意见进行处理后,由教会委员会党团做出决定。

4. 对教会委员会在三年内安排的补充选举和其他选举的候选人由教会委员会党团、工人公社执委会和协会理事会进行准备,除非工人公社/协会年会另有决定。

关于当选代表与党组织合作的规定

党的当选代表与其他党员保持固定的连续不断的联系是十分重要的。同时应该创造条件使当选代表与其所代表的选民保持良好关系。当选代表有权自由地、无条件地就对公民利益非常重要的措施做出决定,但他们是选民和党的代表,因此应该参加党的会议和聚会,以便了解党员和选民的观点和建议并宣传党的政策。

党员必须时刻牢记,并非党的所有政策细节都可以通过大会做出决定。党的方针和政策主要来自党纲、党区的省政纲领和工人公社的市政区行动纲领。

这些纲领和党组织决定在总体上和重大原则问题上是指导当选代表行动的方针。党员和党组织在判断当选代表履行职责的方式时应该考虑影响其立场的种种因素。

当选代表的权利与义务

权 利

代表党担任公共职务的党员除了作为党员的权利之外还有：

参加为当选公务人员安排的学习的权利；

在其分管工作中，根据党的原则和政治纲领，无保留地建立自己的观点并做出决定的权利。

义 务

代表党担任公共职务的党员除了作为党员的义务外还有：

让个人所做决定接受党的思想和原则性决定指导的义务。

与党组织保持固定且不间断的联系，例如定期参加党的会议的义务。

向组织经常介绍其作为当选代表所主管工作之发展的义务。

按党的规定交纳所谓办公费的义务。

行为与表现要符合党的基本价值观的义务。

关于省议会和市政区问题的处理规则

关于省议会问题的处理规则

1. 属于瑞典社会民主党的省议会议员应该组织成省议会党团。

2. 在省议会理事会和常设委员会担任正式委员和候补委员的党员应组织成党小组。

3. 省议会党团章程由地区正式代表大会制定。在制定前，党区理事会和省议会党团理事会须先对章程建议提出意见。

4. 党区正式代表大会在大选之前就党的省议会纲领做出决定。纲领是党的当选代表的工作指针。代表大会还应讨论对省议会具有原则性或经济重要性的问题。党区理事会应经常讨论省议会政策问题。党组织会议也应讨论不同的省议会问题。省议会党团就过去一年的工作向党区正式代表大会提出报告。报告列入党区年度报告。

5. 当省议会选举结束后，党区理事会将召集当选议员与理事会成员参加党团会议。

6. 党的理事会确定社会民主党省议会党团的一般章程。

关于市政区问题的处理规则

1. 属于瑞典社会民主党的市政区议会议员和候补议员应该组织成议会党团。

2. 在市政区议会理事会和常设委员会中任职的党员应组织成党小组。

3. 议会党团的章程由工人公社年会制定。在制定前，议会党团和工人公社理事会须先对章程建议提出意见。

4. 工人公社在大选之前就党的市政区行动纲领和地方行动计划做出决定。这一纲领是党的当选代表的工作方针。在工人公社大会上应讨论并处理具有原则性或经济重要性的市政区问题。

对地方具有重大意义的市政区问题应在社会民主主义协会和俱乐部会议上进行讨论。市政区议会党团就过去一年的工作向工人公社年会提出报告。报告列入工人公社年度总结。

5. 选举结束后工人公社将召集其当选的市政区议会议员和后补议员与理事会参加议会党团会议。

6. 工人公社理事会、市政区议会党团理事会、市政委员会理事会和常设委员会党小组主席等每年最少开一次会议，就市政区问题进行协商。协商会议由工人公社理事会负责召集。

7. 地方机构中的党小组每年向社会民主主义协会/俱乐部提出工作报告。

8. 党的理事会确定社会民主党在市政区议会党团的一般章程。

（原文出自：高锋、时红编译：《瑞典社会民主主义模式——述评与文献》，中央编译出版社 2009 年版。）

（高锋 译）

瑞典温和联合党党纲[①]

一、以人为本

新温和党人政策的出发点是人。我们的价值观来自我们对人的看法。人生来就有内在的发展能力,但唯有自由才能使人的能力得到正确的发展。因此,自由是我们最重要的价值。自由意味着人们拥有自我个人的权利,同时也意味着为自己做出的选择的责任和对他人的生活方式的尊重。在适当条件下,人可以做出重大成绩,但人也可能对自己,或者对他人犯错误。人既有能力,也有缺陷。温和党人主张全面地看人,主张支持人们谋取个人幸福和利益的努力,主张在他们的能力不够时为其提供帮助;但如有人利用其能力去伤害其他人时,则要加以制止。

没有人永远强大,也没人总是懦弱;没有人总是过敏,也没人永远冷静;没有人一贯自私自利,也没有人永远大公无私。无论有无别人帮助,人们总能克服困难,走出困境。人们都会从自力更生,走向需要他人帮助。我们主张让每个人通过个人努力并在相互团结中成长,让每个人都能发挥出自己最大的潜力。

每个人都有无穷无尽的价值,不管种族、性别、宗教、性爱取向或者

[①] 瑞典温和联合党(Moderata Samlingspartiet),简称温和党,又称保守党,1904年成立,信仰保守主义和自由主义。1991年至1994年曾经领导三党联合政府;2006年至2014年主持四党联合政府。2014年大选失利后下野,但仍是瑞典议会第二大党。本纲领为温和党2013年党纲,党纲原题为"为整个瑞典担负起责任——2013年温和联合党思想纲领"。

其他个性与爱好。人总是人，只要不对他人造成伤害，每个人都有权追求自我。同时，个人主义和集体主义也不能相互替换。个人主义的基础和前提是能够承认人与人有不同的权利，能够承认其他人相互合作、共同发展的愿望。同时，人又是脆弱的，需要实现自己权利的保障。自由与保障有助于社会建设中的公平。一个良好社会的特点是既鼓励个人努力，也鼓励相互团结。

政治的义务是动员人们参与社会建设，而其最重要的任务是维护公众利益。为了发展社会，政治必须把公众利益和公民权利置于特殊利益之上。政治永远是所有公民权利的保护人。当人们的个人能力受到考验时，当权利与义务涉及所有人时，政治上如何决策就变成了关键。

如果国家不去保护这些价值，这个社会就成了弱肉强食的场所。一个既不信任个人也不尊重社会的国家只会为压迫者开放绿灯。过多的政治或者根本不讲政治对人们追求幸福的努力都是一种威胁。**只有人们有权通过自由选举罢免当权者的时候，只有尊重个人权利成为社会义务的时候，国家才有可能为社会建设提供合法性。**我们信奉代议制议会民主，地方自治也是我们追求的瑞典社会的一部分。

民主社会的建设以法治国家、个人所有权、对个人自由的保护等为基础。如何把这些承诺付诸实施，每一个民主党派对此都必须做到心中有数。

温和党人主张建立一部强大的基本法，包括明确的公民权利、独立法院和为公民服务的秩序法。在法律面前人人平等。瑞典法律在全国范围内对所有人一视同仁。瑞典必须有自己的防务能力，能与其他国家一起共同保护生命、自由与权利，抵御国内外威胁。

我们是一个支持社会发展的党，这就是温和党人做出一切决定时的出发点。我们是一个为所有人、为整个瑞典工作的党，但这不意味着我们想要其他所有人与我们看法相同。我们保证永远代表公众利益，而不是特殊阶层利益。

温和党人，无论是处于多数或者少数，都会发出支持瑞典发展、主张发挥个人能力的建设性声音。温和党人发现社会问题，提出解决方案，我们将尽心尽力地提出最可行的建议，以争取公众的信任。我们将努力赢得执政党地位和代表公众利益的机会，以寻求应对时代的挑战的方案。

全球化意味着人们在摆脱贫困的道路上迈出了空前巨大的一步。同时，瑞典受到了来自受过瑞典援助的国家的竞争。我们对这一发展感到高兴，希望开放、市场经济和民主等理想将惠及世界上所有国家和人民。

全球化对瑞典来说是一个巨大机会，同时它也使我们更容易受到其他国家发生的事件的影响。对社会负责意味着通过执行一个负责任的政策建立抵御各种危机的能力。健康的公共部门财政是一个带有良好福利的有保障的社会的前提。

我们的目标是全面就业、民族凝聚力和国际团结。只有重视就业，重视经济秩序，所有民众才可能平等参与和安居乐业。整个社会建设都必须以下列认知为基础：我们只有一个地球，后几代人必须能够在良好条件下继续生活下去。

二、经济秩序、全面就业与福利保险

只有公共财政处于健康状态，政治才能为个人生活提供支持。温和党人始终把经济安全与秩序放在优先地位。只有如此，公民们才会得到这样的保证：福利是持久性保障，而不是临时性补贴。管理良好的经济是企业家创业、经济增长、科研和随之而来的新就业的基础。

对温和党人来说，对全面就业的追求是改善社会的主要方式。当所有想工作的、而且能够工作的人都得到了工作时，每个个人就获得了更多的保障，每个家庭就得到了生活能力，福利机构的收入也就有了保证。对全面就业的追求是创造社会和谐、减少社会差别的最好方式。

如果人们都有自己的工作，都有为自己和他人负责的自由，这就是一个成功的社会。人们把自己的能力用于工作的愿望和可能增加了这个社会的力量。社会管理者的工作因此应该受到赞扬，因为是他们和大家一起使瑞典走向强大。

如果特殊阶层利益支配了社会发展，社会管理者就应该引咎下台。在特权控制下的瑞典，人们的劳动果实将被他人窃取，而不属于劳动者。要想使幼儿在幼儿园成长，儿童在学校里学到东西，青年人在大学里取得成功，医疗机构能够治病救人，就必须使幼儿园阿姨、学校老师、大学教授和医务人员感觉到自己的工作努力是值得的。

人们承担责任的愿望对社会建设是必不可少的。同样需要的是人们敢于承担风险的胆量，就是说，企业家、冒险家和发明家的冒险精神对社会建设也是必不可少的。许多时候，就是因为他们的努力，社会才得以向前跨出一大步。科学家在进行前沿研究，企业家把发明变成现实，文化大师挑战陈规旧习和世俗极限。要想推动社会发展，就需要所有的人，就需要不同的工作。把每个人的工作努力汇集起来，就能够改善大家的生活，就能够使瑞典得到发展。重要的是要使人们认识到：干活对自己有好处，干得越多好处越大。规章制度、税收和公共管理都应该如此设计，鼓励每个人成为他想变成的，而且能够变成的那个人。

通过工作，每个人都有机会使自己的生活充实。伴随着自己的收入而来的是实现个人梦想的自由，发展个人兴趣的机会，当然还有劳动集体带来的保障和与其他人一起共同应对挑战的机会。

我们深信工作有着自身的价值。与其他群体，如家庭和朋友圈一样，工作集体在人的生活中起着重要作用。从劳动价值的信念出发，我们反对把任何人排斥在外。我们从团结每个人的愿望出发，支持劳动集体，反对排外观念。享受个人权利、参与社会发展并能够为之做出贡献，是人们的自我意识和生活质量的最好保证。

最令人痛苦的是排斥，这可以传递到下一代。自己的能力得不到重视，会使人失去对未来的希望，失去自信心。父母没有工作，孩子们就不会相信自己有更好的前途。自力更生精神和对社会的信任也随之消失了。这几乎成了一个规律。只有积极的劳动政策可以逐步地减少这种排斥。只有积极的劳动政策才能为福利社会奠定基础，才能给人们以机会，在工作中做出最大努力。

工作是福利的基础。追求全面就业，反对社会排斥是最好的福利政策。瑞典长期以工作和创造力著称，因此建造了最好的福利。作为瑞典唯一的工人政党，温和党因此是最值得信任的福利党。是它回答了怎样创造更多就业的问题，也回答了怎样使社会福利变得更好的问题。

共同筹资建造福利是我们现代史一个重要部分，也是我们走向未来的出发点。幼儿园帮助儿童学习，同时又把父母责任与积极工作结合了起来；学校传授给孩子们应对未来的知识；医务人员治疗并减轻疼痛使人们能重新返回工作岗位；护理工作帮助人们克服障碍过上有意义的生活。老人护理提供了保障与生活质量。这些是瑞典福利的核心。这就是温和党所要维护并发展的内容。而其他一些政党企图把公共承诺扩大到没边没际，使人们依赖于福利，从而破坏了福利制度存在的基础。

公共财政保证给予大家的福利是一个共同保障，旨在保护整个社会的和谐，特别是当人们遇到严重困难的时候。没有人会事先知道谁会遭受挫折或者何时需要帮助。温和党人认为学校、医疗和护理应该共同筹资。身体状况和能力大小与筹资问题无关。我们治病救人和培养人才的愿望也不考虑资金问题。这不仅仅是个团结问题，而且是个明智的选择。

共同为福利筹资问题不能与个人权利相挂钩。我们共同筹资的服务和保障应该考虑每个个人的特性、个人影响和个人适应问题。这些个人权利可以通过立法和明确的规定来解决。实际上，它们可以通过多样化和选择自由得到更好的维护。

多样化和选择自由可以提高质量和效率，与同等待遇和反对歧视的明确规定一样，它们有助于在全瑞典建立更加公平的福利制度。高质量和使用便利将成为整个国家福利制度的特点。在瑞典这个福利国家里，不应该存在建筑在地理位置、性别、性爱取向和年龄基础上的不公。

福利服务是人们最需要的项目。在这里存在着提高质量的最大空间。研制新型药品和技术设备的科学家、企业家和企业正在取得越来越快、越来越大的进步。在福利服务行业、在医疗部门、在老人与儿童护理机构和学校里，许多专心致志的人正在为同仁们做出极大的贡献。同时还存在一些障碍，例如官僚主义、有限的参与、使用者影响有限和陈旧的机构等，这些使得社会福利没有得到应有的生气蓬勃的发展。我们必须向着运作的多样化、选择自由和提高质量方向继续改革，以便进一步改善社会福利。

三、我们一直在前进

我们的理念在瑞典得到了极大支持。由于开放性、团结和市场经济，瑞典变成了最宜于人们生活的国家之一。通过政治自由和经济繁荣我们赢得了保障，通过人人受教育、医疗和护理，瑞典变成了世界上最和谐的社会之一。

为了一个更美好的将来，我们努力解决每一个社会问题。这是我们自由主义和保守主义传统的一部分。文明和人道主义成长的道路是不平坦的。反对派一直千方百计地反对人的解放。

现在受到人们赞扬或者被认为是理所当然的那些传统、规则和法律，不久之前可能还不被人理解。较为确切的结论是，昨天的变化就是今天的现实。我们要向历史学习，但不能生活在历史中。许多时候，更新就是对以往做出的成绩的最大肯定。从这个意义上说，在传统主义和现代主义之间并没有矛盾。我们有选择从哪个方向寻找启迪的自由。

当有人轻视民众的民主权利，无视少数派的权利或者用蔑视口吻谈论平等时，我们就应该发扬成功的历史传统，对其采取明确的反对立场。

温和党的思想发展的力量来自许多方面，包括文艺复兴、市场经济、全球化、欧洲理想和福利主义。我们还受到全球范围的环境和人权运动的启发。这些思想宝库共同塑造了我们的党，一个对自由的挑战进行应对的党。抵抗法西斯主义，抵抗革命的左派，支持波罗的海国家的解放，支持自由贸易，支持福利建设，支持瑞典加入欧盟，20世纪90年代的推动高科技革命和21世纪的反歧视运动，等等这一切，都说明我们党的历史贯穿着一条自由的红线。

我们长期来一直承诺，要在自由和市场经济的基础上，在公开性和与周围世界合作中建设我们的国家。温和党思想传统的特点是毫无保留地接受新生事物，相信美好的未来。我们最强大的传统和价值来自于复兴时期与上层和原教旨主义的决裂，来自对人和人的明智的尊崇。我们通过新经验与新知识更新了自己，随后它们很自然地变成了我们思想传统的一部分。我们和我们社会有能力通过发现新知识，更新老真理使社会发展飞跃向前。民主是使这一进程得到审慎进行并能赢得许多人的理解与支持的必要条件。那些使用武器和暴力破坏民主和民主进程的人是不可原谅的。

作为当代的自由运动支持者，我们的出发点是我们对人的看法。我们与人们生活在一起，随时听取人们意见，为了取得成就我们愿意做出妥协。政治本身并不能发展社会，但政治可以创造良好条件，使人们可以发展成他们想要做的人，使整个社会从这种进步中受益。

对人的能力的信念使我们对未来发展持乐观态度。人们自己、加上与他人的合作，就有能力战胜困难并发现新的机会。随发展而来的是新的挑战，因此我们的工作没有完结，我们的社会也不完美，我们总有机会使之不断完善。通过不断地更新，温和党人将承担起对未来的责任。

四、自由、保障和公平

自由是我们的基础。它与保障和公平一起，在我们的价值观中占有特殊地位。在我们的政策中，自由、保障和公平是一系列其他重要价值和考虑的基础。责任是自由的不可分割的部分，因为做出决定的自由，意味着同时对其后果承担相应的责任。在自由社会里人们不止得为自己的生活，还要对孩子、工作、住房、业余时间和其他许多事情负责。国家必须相信人们有能力和愿望承担起伴随自由而来的责任。

同样，平等以自由、保障和公平为基础。每个人的价值与机会对我们来说都是非常重要的。它体现在同工同酬，在社会上活动而不必担心遭到罪犯攻击的自由；在医疗与法律面前人人平等。归根结底，这些都属于自由、保障和公平问题。

平等是人们向往的。一个平等的社会对大家都有好处。在处理每个问题时，都应该考虑到自由问题、保障和公平因素，避免犯简单化错误，同时也不能轻视人，削弱人的决策权利。为了纠正社会弊端，而采取过激手段，常常是搬起石头砸自己的脚，结果会大范围地限制了人们的自由，大幅度地削弱了公众的保障，或者大家都严重地受制于被称为"公平"的措施。

面对人类价值的博大精深和实际情况的复杂多变，温和党深感本党力量有限。当独裁者和宗教狂人把某个信念强加给整个民族的时候，很明显自由就意味着取消压迫。当社会走向崩溃而国家无力维护法制时，保障的重要性就不言自明了。我们有义务讲明我们的价值的基本含义。

此外，我们必须看到自由与保障在当今瑞典的含义，在什么情况下自由和保障之匮乏会扩大。在日常生活中，自由匮乏通常表现为个人权利微乎其微，甚至个人的生活条件也受他人控制。这里可以包括夜间不敢独自回家的妇女，交税之后生活很难维持生活的个人，无权自己选择配偶、甚至不敢表达爱情的青年人，还有许多依赖福利国家的运转才能维持生活的人。安全的城市环境，福利的可靠性和作出选择的自由，抵抗家庭或者他人强加的生活方式。在这些方面，政治有责任明确地促进个人的权利。

种族主义、对同性恋的恐惧、对弱小者的欺凌、强加的性别角色等都是限制自由的例子。陈旧观念和价值是难以通过立法来消除的。但要想改变社会就必须克服它们。

言论自由和观点自由是扩大宽容的最好基础。保持自己的自由远远不只是个法律问题。这涉及在法律面前人人平等问题，也包括歧视是不能接受的问题。即使法律上讲得很清楚，也不意味着自由就得到了保障。

对不同意见的容忍与尊重，随着科学技术的发展而增长。社会发展可以证明教条的错误，信息流通可以改变人们的无知。信息技术在世界范围内的传播意味着民主化与自由进程的扩展。瑞典支持这个进程，技术也推动了瑞典的进步。信息垄断正在打破，知识正在传播，文化和民族边界正在失去意义。

同时技术发展对自由也带来了新的威胁。国家、企业和组织有了对公民进行监视、收集情报和调查分类的新的可能。国家必须保护公民隐私，对收集和储存个人信息上应该持审慎态度。在通信便利、对每个人的遗传基因进行分析可能性增加的时代，在这些领域内保护私人生活就变得至关重要了。

在个性完整和其他一些问题上，自由和保障相互穿插，需要斟酌与审慎。国家需要获得信息以保护民众不受恐怖主义和罪犯威胁，而民众需要受到保护以使其私人生活不受侵犯，个人隐私不会公之于众。很自然，对任何猎取本国公民的私人生活信息的措施，必须严加限制。而在犯罪怀疑明显减少情况下，对之进行侦听和监视的合法性就大大下降了。

保守党人将维护完整性概念，将在国家对情报的需要与个人维护其人格完整的权利之间寻求平衡。

责任是自由的另一面，而保障则是自由的最重要的补充。有保障的人才能更好地利用自己的自由，保护其自我意识，尊重人的自然本性，使人人获得按照个人意愿发展的平等机会，才能使自己得到自我发展。朋友、家庭、工作伙伴、社团生活和其他集体，在其他人帮助下，都能给人以保障和归属感。福利社会运转正常，瑞典有强大力量抵御危机，其他的共同承诺也正常运转，这些本身就是保障。

温和党人要承担起责任，通过兑现公共承诺，使公民社会扎根并强大，以维护人们的保障。每天在瑞典各地，体育协会、宗教组织、工会机构和其他民众组织里所进行的大量工作，见证了公民社会的广度与意义。学校传授的知识与技能受到了人们的欢迎，也为人们获取保障提供了条件。

当遇到困难时，人们需要一个强大的公民社会和一个负责的国家。但社会提供的公共服务并不能代替由个人的本事所带来的保障。能够为所有人走进劳动生活前做好准备的学校在提高保障的政策中占有中心位置。

当人们不再相互尊重时，保障将迅速下降。当暴力、威胁和袭击横行，自由和财产受到侵犯时，保障将会消失。不打击犯罪，不对受害者平反昭雪，就不可能创造一个安全的社会。

社会的安全程度从根本上来说取决于人们对相互尊重、相互善待等价值观的认知。自然需要法律和其他工具来维护社会秩序。产生于自由与教育的良好道德从根本上说也有利于维护社会秩序。应该对新的立法采取审慎态度，不要反复审查老法律。在工作中应该把预防性研究放在第一位。当执法部门得到新的授权时，应该认真试验它在保护公民权利上的利弊。增加法律、增加警察和提高惩罚力度并不能自动地提高社会保障。温和党人主张抓捕罪犯，把他们绳之以法、判处徒刑。我们对法治国家的信念坚定不移。但对一个法治国家来说，重要的是宁可释放、宁可把一个有罪的人错放，也不要错判，不要把一个无罪的人判刑。

罪犯应该因其作为受到惩处。处罚应该依据法律，有威慑力，有可预测性，要给罪犯以重新做人的机会。犯罪可能有许多原因，但这不是犯罪的借口。仅靠惩罚不能实现社会安全。只有采取预防性措施、减少造成犯罪的社会因素，保护受害者，对罪犯进行恢复性教育，使其脱离产生犯罪的环境，回归正常生活，才能创造社会安全。

警察有足够的设备对犯罪进行调查，能随时出现在社区，对公民们就是保障。警察有时间和有资源，人们就能从中感受到安全。

法治国家是公正最明显的体现。我们期待着法庭不偏不向，人人有辩护的权利，大家受到平等的待遇，这是符合公众利益的。在处理每个问题时，都要尊重自由、考虑保障与公平因素，以便减少简单化处理，避免由此而出现的错误。不能反对人们各自做出自己的决定的权利。

同时，我们期待着把各种不同的因素都要考虑进去。公平是瑞典社会建设的基石之一，但这是个含义丰富的概念。

我们作为个人都强烈主张公平。不公平容易使人情绪激动。作为新温和党人，我们的一个重要的出发点是每个人都能发展自己，而不管其背景如何。这里起决定因素的是一个世界水平的学校和工作的机会。医疗资源也是一个公平问题。公共部门不能影响人们的升迁机会，这也是个公平问题。我们主张的公平，也包括帮助所有的人，不使任何人被遗忘。人们应该接受有人通过个人努力得到的比别人更多报酬的事实，因为只有社会让人们自由发展成他们想做的人，才能获得资源对另外一些人提供更多的帮助，或者给这些人以新的机会。

一个公平的社会不应该把力量用在消除人与人之间的所有差别或者区别上，而应该努力给所有人同等的成功机会。在整个瑞典，为所有学生建立优秀学校和得到良好教育是最好的公平政策。教育是使所有人能够起飞的跳板。在公平的瑞典，我们建造的是让人脚踏实地前进的地板，而不是障碍人们高飞的天花板。

五、可持续的发展

由于人们的创造与革新，社会在不断前进。能够不断地产生新的产品和服务的思想创造了繁荣。据估计，我们消费的物品之四分之三，在一个世纪之前根本就不存在。新的商品来了，老的物品消失了。

增长是关键。而它是建筑在许多人的劳动之上的，同时也在于我们提高了每个小时的增值。我们支持变化，我们让新的流程、企业、工作和产品不停地在取代老的。而用保护主义和补贴来阻挡变化的国家，发展得比我们要慢得多。其竞争力不可避免地在下降。随着全球化，经济自由传播到从未有过的众多国家，使其国民收入迅速增长，赤贫以空前速度减少。许多贫穷国家的平均寿命在增长。成亿民众脱离了贫困，得到了新的机会和生活条件。

在经济发展的开始阶段，增长时常对环境带来负面影响。随着财富的增长，公民提出要求，通过投资新技术，经济开始出现绿色增长。只有增长创造出更多的财富和机会时，才会有更多的国家和民众对环境和气候承担起责任．对经济繁荣起决定性作用的是能够保障所有权和协议自由的有效的机构。人们需要发挥个人潜力的自由。通过高质量的教育，大家可以得到参与和发展的工具。国家机构和管理的高效服务和法治为企业的发展提供了良好条件与基础。保障制度为人们准备了第二次、第三次机会，促进了社会的多样化发展。增长是社会进步的综合，是人类扩充能力的结果。支持自由、保障和公平的政策是增长的最好基础。通过经济增长，填饱了许多人的肚子，世界健康水平得到了提高，环境问题得到了缓和，我们的繁荣得到了增加。而反对增长的人，实际上就是拒绝给饥饿者以食物，拒绝给病人以治疗，拒绝解决环境问题。增长的敌人实际上也反对给人们尽可能多的机会发展自己。

一个没有增长的社会是冷酷而寒冷的。任何行动都是无米之炊，某些人的得利，必定是另外一些人的损失。某些人的成功，必然来自另一些人的失败。通过欺骗或者盗窃就能挤到队伍前列，在这种社会里这就变成了一些人的准则。而在一个经济增长的社会，慷慨大方就容易实行，就更有经济余地。在这里，行事规则更多的是宽容，是鼓励成功。

因此，成功本身是件好事，在正确政策帮助下，增长会更快，会对环境考虑更多，会给大多数人带来好处。没有正确的政策，明确的规定，就可能激发贪婪和冷酷，使整个社会受害。增长不能是短视的，仅仅有利于少数人，或者一两代人。持久性增长绝不可能来自近视、对自然资源的掠夺或者让多数人生活在贫困中。

可持久性增长意味着经济、社会和环境都能持久发展。经济发展的可持久性发展意味着不能让债务、通货膨胀和赤字失控。社会发展的可持续，意味着人人从增长中受利，在居民中分配相对公平。环境上，则意味着可以生产越来越多的东西，对地球的影响却越来越小。通过经济健康有序的发展与全面就业的追求相结合，福利社会就能抵御各种危机，收入分配会更加平均。这样社会差距就会得到遏制，不再扩大。

通过明确的制度、规则和稳定的机构，通货膨胀和赤字就不会在经济增长中失去控制，就业就会增长，财富会增加，而后代人也不必为此负债。

只有通过科学技术创新，我们才能摆脱对石化燃料的依赖。有了更加新的品种和更加现代的农业，所有的人不需要开发更多的土地就能吃饱。政治的责任是通过税收和其他调控手段使得对环境负责的做法受到奖励，而破坏环境的人必须付出高代价。立法、国际协议和税收是减少伤害环境物品使用的最好手段。而科学研究是寻找新的对环境更友好的代用品的最好途径。温和党人深信这个调整不需要把人赶出农村就可以做到。一项有利于环境的环境政策可以为整个瑞典创造新的生活条件和工作机会。

那些把经济与生态对立的人还生活在过去那个时代。温和党是当代最好的环境党。我们将竭尽全力制订一条在国内、国际上都领先的环境政策。只有实现可持续的增长，才能挽救原始森林、热带森林、珊瑚礁群、气候和整个生物种群，使它们不被日益增长的人类对生活机会的追逐而毁灭。

与经济和环境可持续发展同等重要的是社会的可持续性。资源、生活机会、实现生活梦想的可能性应该在全世界民众中公平分配。实现这些目标的前提是民主、市场经济和自由贸易。

瑞典是一个和谐的国家，公民之间存在高度平等。这很大程度上是因为瑞典很早就开办了人民学校，给了人人以发展自己的机会。瑞典自由的开放的经济也鼓励并奖赏聪明才智和勤劳苦干。通过发挥每个人的才能，国家获得了资源，用来去改善学校，加强福利的其他部分，使将来的社会也可以保持可持续发展。

我们相信社会市场经济。它既支持市场经济和自由企业的活力和发展，也强调每个人作为社会一员的责任。可持续发展和生活的每个阶段上的良好福利在这个体制下才成为可能。

通过工作和收入，人们为自己建立了保障，为大家建造了福利。现在的问题是如何继续创造增长。实现这个目标的道路是到劳动市场上共同拼搏。政党、工会、企业和公民社会都有责任创造条件，促进公众的参与和团结。

六、一个现代化的开放的团结的瑞典

最美好的时代总在我们前头。人们的创造性、革新能力和更新能力改善了一代又一代人的生活条件。温和党人不属于那些把过去罗曼蒂克化、总是怀旧的人。相反，我们非常乐观、对未来充满希望。瑞典之所以能够跻身于世界最富有国家行列，就是因为我们能够发现并利用新事物。同时还因为我们能够根据本国的特殊条件把新思想转化成产品与服务。

随着教育水平的不断提高、民主和开放程度的不断加大，瑞典作为一个成功国家的机会也在增加。我们可以向越来越多的人提供我们的知识、服务和产品。同时我们面对着越来越多的挑战，我们必须不断提高自己，更加充分地发扬自己的优势和长处。

温和党人愿意把瑞典人引以为荣的价值继承下来并发扬光大。瑞典必须是现代化的、开放的和团结的。我们应该欢迎新技术、相互宽容并爱才若渴。重要的是向何处去，而不是从哪里来。用人要看他们会干什么和他们准备怎么干，而不是看他们信什么神、属于什么种族、来自何处、他们爱谁或者他们是什么性别。

一个多元的、没有偏见的社会比单一的、排他性的社会具有更强的竞争力。这样的社会把反对歧视、反对排外和其他不公当做自己的义务。这样的社会将鼓励瑞典实行开放、吸取愿意来此研究和工作的人们。一个吸纳性劳动市场是最好的融合。要达到这些目标还有许多障碍需要清除。尊重不同于己的人与事、为需要者提供保障、对努力者提供奖励是瑞典的愿望与梦想。

一个鼓励不同意见的社会必须搞清什么是共同点。通过在此地生活和活动，人们就可以获取瑞典式的特性。融合建立在相互好奇的基础上。只有通过自己的工作，才可能变成新国家的一部分，才能学到语言和文化知识。在瑞典，男人与女人有着同等权利，信徒与不信教的人有同等的权利，同性恋与异性恋有同样权利。在这些关于平等的价值上，我们不能做出让步。

在这个含义上，不存在对那些不可容忍之事的宽容问题。对付那些鼓吹暴力的人，我们有法治国家。那些用暴力或者以暴力威胁来破坏他人自由的人应该受到法律惩罚。

我们所说的自由，包括所有的人和所有的事，但其界限是不影响他人的自由，更不能对他人造成伤害。瑞典人喜欢独善其身，保护自己的个性与特点。我们欢迎并尊重人们之间的差异，相信人与人之间总是共同点多于不同点。瑞典对人们的个人属性与他人的归属感将持宽容态度。法律致力于反对歧视，但应注意不去干预本应个人自己决定的事物。有关多样化和平等的价值是我们对人权的实践，同时它们也是瑞典社会竞争力的一个部分。

温和党人反对那些压抑人们的机制，反对那些近乎偏见的价值。做自己想做的人、做不同于他人的人、做独一无二的人，是每个人的自由。

培养建设现代社会所需的人才、为社会和谐创造条件，都要求教育和学校的高质量和高目标。社会融资加上自由选择和多样化，将帮助每个学生各得其所，发展自己的才能。有了知识，学生就会长大。教育改善了，社会就会强大。知识本身就是权力，就是生存机会。

教育是整个文明的基础。传授知识是学校的任务。温和党人认为对每个学生的成绩、每个老师的工作和学校的整体情况进行定期评估是必要的。尽管教育目标对每个学生是一样的，但实现这些目标的途径肯定有所不同。不同的教育方法和操作方式有利于发挥大家的创造性和学习的新方式。实现规定的知识目标是人们的任务。所有由社会出资的教育必须以科学的、经过考验的方式进行。

每个人学习不同事务的速度不一样。重要的不是大家都学习了同样多的东西，而是每人都学得了足够的知识。公平的学习机会要求学校中消除欺小凌弱现象，创造良好的学习环境，提高老师才干并发挥他们的积极性。

学校应该为所有人进入劳动市场或者高等院校做好准备。瑞典应该位于科研前沿，大学和高校教育应该紧跟其后。在与劳动市场合作的自由研究中，每个学生自己应该能挣得一席之地。

瑞典属于重视研究与发展的国家。国家资助科研，为科研包括私人科研投资提供良好条件。研究与发展，包括文化和创新产业，需要明确的规定，使人们可以从其发明创作中赢利。非物质权利是对所有权的一个必要的限制，有利于促进发明与发展。重要的是非物质权利应该是现代化的，灵活的而且是平衡的。

现代福利社会的中心环节是为人们——当他们自己的力量由于各种原因不够时——提供帮助或者安全的能力。绝大多数人总有发挥不出来的时候，可能是因为教育选择上的失误，或者对工作不适应，因为所在的公司倒闭或者临时生病等原因。只要有再选择的机会，有重新开始的机会，绝大多数人都能东山再起。因此，我们相信选择自由。社会保障鼓励人们进行调整，支持人们重新开始。

保障本身就是为了处于困难或麻烦中的人们设立的，是为了帮助每个人找回力量与机会。对于许多人来说，能够加入社会集体或者劳动集体本身就是最大的自由。我们的社会建设要帮助残疾人有机会做出必要的调整，能显示其工作能力，能找到自己的工作。

所有愿意而且能够工作的人，在劳动市场上都应该得到自己的位置。雇主们必须为社会和谐承担起自己的责任。重要的是政治调控不能僵化，不能使瑞典失去吸纳人才、进行竞争的能力。一个社会市场经济既需要保障，也需要自由。

一个和谐社会除了需要公共教育、劳动集体和经济团结之外，还需要其他东西。民众和集体是文化的载体。了解自己的文化、了解自己的历史，了解社会的主流文化的表现，可以丰富生活并为了解他人创造条件。文化不仅是一个工具，文化本身就是一个好东西。国家有责任通过学校和其他文化机构使文化变成公众的权利。国家有责任或者说有任务维护或者说明为什么人类今天这样认识自己和认识世界。文化的最主要部分来源自民众。对某些文化形式的需求有时是狭小的而困难的。文化活动资金在很大程度上来自民众个人，或者通过协会、联合会、教会等多种形式的合作。某些文化可能需要社会资助，才能得到发展。政府不能控制文化，但可以参与发展，为一个有生命力的文化创造条件。对某些不能在市场上独自生存的文化表现形式，政府负有特殊责任。任务是培养、促进、照顾它成长，以便延续传统文化。我们欢迎网络发展为思想、意识和表达形式在瑞典和世界范围内的传播带来的机会。

重要的是儿童在学校里和课外活动中学会欣赏、认识和理解文化和文化形式。儿童能够参与文化活动和集体活动对社会和谐是不可缺少的。通过体育和业余活动帮助儿童创造丰富多彩的课外活动的成年人,应该受到社会赞扬。

七、没有边界的团结

维护人权的斗争在这个意义上是具有普遍意义的:所有的人都有着同样的权利,随着更多的人的权利得到尊重,每个人的机会都会增加。民主得到实施符合每个国家、符合所有人的利益。我们的国际团结是在民主思想共同体内,而不是利益共同体内增长。

1990年的星期一运动中,成千上万的聚集民众支持波罗的海国家从苏联独立。我们的关于民众的自由权利的信念战胜了那些贬低民主的重要性的力量。爱沙尼亚、拉脱维亚和立陶宛取得了独立,走上了民主。现在它们是瑞典的重要贸易伙伴,为瑞典出口企业提供了重要就业机会。同时它们又是瑞典改善波罗的海环境的合作伙伴。

民主国家负有保护民主的责任,有责任始终宣传民主的理想。温和党人将支持寻求民主的人们,在国际上永远为人权呐喊。为了达到现实目标,我们必须谦逊,进行必要的妥协。在国际社会需要帮助时,瑞典将和其他民主同盟者一起站出来,在人道主义、军事上和组织上维护人权。

瑞典在国际社会里将是一个积极的声音。只有通过合作,我们的价值才会有分量,才会有效果。通过对话而不是对抗把世界团结起来是联合国关于和平的理想。为民主进行宣传和为自由贸易进行工作是维护人权的两个最重要工具。

我们相信一个没有边界的世界,一个可以自由移动的世界。在我们周边实施这个理想的组织是欧盟。温和党支持欧盟在人员、服务、货物和资金流动方面进行的合作。我们大家在一起,就可以解决那些自己解决不了的,诸如气候、环境一类问题。因此,继续扩大欧盟、对世界其他国家也实行开放和流动的原则,是至关重要的。我们加入的是欧盟的理想,不是现在这样一个组织。在欧盟内积极进行政治合作是维护我们欧洲理想的唯一途径。

参与国际活动是符合瑞典本身利益的。做一个经济开放的小国，我们依赖于周围世界。我们的开放使瑞典企业有机会进入国际市场，使其他国家有机会来瑞典进行活动。从长远来看，消除障碍，实现无边境的经济，使我们和其他人都会受益。但这样的发展，也会使我们遭受新的风险。一个负责的政策必须处理这些风险。我们必须更加努力地寻求国际合作和国际协议，加强透明的有效的调节，以便制止经济关系中的贪婪和短期行为的发展。

不仅仅是经济和环境问题要求国际合作，霍乱、艾滋病等疾病对人类造成了巨大伤害。瑞典将积极参与、通过科研和外援协助根除这些和其他疾病。我们也看到人们的旅行会把疾病传播到世界其他地区。在健康问题上进行国际合作，符合我们自己的利益。

外援建筑在我们下列信念的基础上：有很多东西的人应该与那些一无所有的人进行分享。当疾病、冲突和自然灾害爆发时，迅速进行援助有助于缓解危难。同时我们注意到多年的外援并没有帮助人们摆脱贫困。开放、贸易和市场经济用几年时间就解决了几十年外援没有解决的问题。外援必须用来缓解灾难，从长远看，必须有助于有关国家、有关人民摆脱压迫和贫困。瑞典将积极帮助有关国家建立打破贫困必须的稳定机构，帮助民众建立通讯能力和提高其信息占有量。

在平等和少数民族权利方面，瑞典在国际上承担着特殊责任。在许多国家夫权主义非常严重，威胁着妇女健康、儿童幸福和整个社会的发展。提高妇女和少数民族的地位和参与程度应该是瑞典外援的一个特点。必须制止所有对妇女人身权利、性爱权利和参与社会生活的权利的侵犯。

当一些国家和地区陷入冲突时，瑞典将以帮助受难者脱离灾难为荣。温和党人维护庇护权，愿意看到瑞典属于那些勇于营救人们脱离苦海的国家。同样，温和党也希望其他国家担负起应负的责任。当难民流增长时，欧盟国家分担责任、做出同等贡献是合理的。

温和党人致力于一个没有贫困的世界。实现这个目标是可能的。通过信息的全球化传播，通过全球性的积极的环境与气候政策和自由贸易，通过消除贫困的外援，通过建立有效的经济、进行反腐斗争，通过对所有儿童和青年普及教育，一个没有贫困的世界将成为我们这一代人的最大功绩。

八、政治的可能性与局限性

温和党人是一个对整个国家担负着责任的政党。我们的自由、保障和公平的理想是建筑在近百年来人们赢来的知识与觉悟的基础上的。民主和社会市场经济作为社会建设基础的优越性已经得到了证明。明确的以工作与教育为重点的工作路线将为更加繁荣、更有福利保障的瑞典奠定基础。平等、宽容和开放不仅是正确的，而且是促进经济增长的重要因素。经济稳定是如此之重要，因而要求强大的管理机构、明确的规定，需要更多的人，包括那些曾经反对过它的人的监督。同时，我们对自己的和政治的局限性有着明确的认知。只要给民众社会和个人留下自己决策的余地，政治就能做好事。温和党人的理想是做好当代最负责的领导者、最向前看的运动、最好的开发者和共同利益与承诺的最好管理人。实现这些目标的重要的关键是自我批评的能力和划定权力行使界限的能力。哪些问题应该在国际上决定，哪些应该由民族国家决策，什么应该由地方决定，什么应该由个人决定，对这些问题经常进行积极活泼的讨论，能够预防权力的滥用。人们自己能够对绝大多数问题做出最好的决策。宪法对所有权和个人自由的保护应该是强大的。

以代议性民主和君主立宪制为特点的国家体制对瑞典十分有效。通过国际合作、坚持国际组织的辅助性原则、不给国际组织征税权、支持地方自治、在福利社会中实行选择自由和多样化原则等措施，我们尽力制止政治机构的过分膨胀，以免其丧失对公民自由与保障进行保护的能力。对每个人生活作风与风格的尊重和地方自治的理想使瑞典社会更加丰富多彩。

作为一个幅员广大、人口稀少的国家,我们把不同点当做资源和力量,从而创造了集体与和谐。只要人们得到相同的权利和同等的机会,不同地方的解决方案就能丰富社会和生活。在自由社会里,人们的自由总会受到那些认为其思想与生活方式优越于他人的人们的挑战。良好社会与教条主义和原教宗主义相反,这里人们对自己的主张、自己的生活方式以及自己的信念的完美性总有某些犹豫。因此他们有着一个与其他人进行妥协的愿望,一个了解了他人想法、探索为什么别人会做得更好的好奇心。

政治如果包罗万象就会减少人们的自由,但完全没有政治也会对人们造成伤害。作为温和党人,应该对此进行审慎考虑和综合平衡。只有正确处理好政治与社会关系,才能使所有人获得最大的自由。

自由是福利与发展的最好基础。我们维护自由不是讲实用主义,不是仅仅从实际好处出发,而是重视自由的核心,强调能够自由做人的权利。没有人利用个人自由只做好事,也没有人只做坏事。自由本身的含义就是自由做人,是以自己的方式、自己的能力、自己的力量、带着自己的负担与缺点去生活,去做人。

(原文出自:www.moderat.se。)

(高锋 译)

图书在版编目（CIP）数据

世界主要政党规章制度文献. 瑞典 / 俞可平，陈家刚主编；
林德山分册主编. —北京：中央编译出版社，2016.10
（世界主要政党规章制度文献）
ISBN 978-7-5117-3140-1

Ⅰ. ①世… Ⅱ. ①俞… ②陈… ③林… Ⅲ. ①政党-规章制度-文献-瑞典 Ⅳ. ①D564

中国版本图书馆 CIP 数据核字（2016）第 244486 号

世界主要政党规章制度文献. 瑞典

出 版 人：	葛海彦
出版统筹：	贾宇琰
责任编辑：	盛菊艳
责任印制：	尹 珺
出版发行：	中央编译出版社
地 址：	北京西城区车公庄大街乙 5 号鸿儒大厦 B 座（100044）
电 话：	（010）52612345（总编室） （010）52612335（编辑室）
	（010）52612316（发行部） （010）52612317（网络销售）
	（010）52612346（馆配部） （010）55626985（读者服务部）
传 真：	（010）66515838
经 销：	全国新华书店
印 刷：	山东鸿君杰文化发展有限公司
开 本：	787 毫米×1092 毫米 1/16
字 数：	253 千字
印 张：	17.75
版 次：	2016 年 10 月第 1 版第 1 次印刷
定 价：	106.00 元

网 址：	www.cctphome.com 邮 箱：cctp@cctphome.com
新浪微博：	@中央编译出版社 微 信：中央编译出版社（ID：cctphome）
淘宝店铺：	中央编译出版社直销店（http：//shop108367160.taobao.com） （010）52612349

本社常年法律顾问：北京嘉润律师事务所律师 李敬伟 问小牛
凡有印装质量问题，本社负责调换。电话：（010）55626985